장로회신학대학교 구약성경공부 교재 19

시편
(인도자용)

박동현·박봉수·이하준 지음

장로회신학대학교출판부

2009

장로회신학대학교 구약성경공부 교재 19 (인도자용)

시편

초판 인쇄 / 2009년 8월 10일
초판 발행 / 2009년 8월 20일

지은이 / 박동현·박봉수·이하준 지음
발행인 / 장영일
펴낸곳 / 장로회신학대학교출판부
등록 / 제4-33호
주소 / 143-756 서울시 광진구 샘말길 23(광장동 353)
전화 / (02) 450-0795
팩스 / (02) 450-0797
E-mail / ptpress@pcts.ac.kr

ISBN / 978-89-7369-239-2 94230
ISBN / 978-89-7369-202-6 (세트)
값 13,000원

시편

(인도자용)

PCTS Old Testament Bible Study: Volume 19

Psalms

Leader's Edition

Park, Dong Hyun · Park, Pong Soo · Lee, Ha Joon

Presbyterian College and Theological Seminary Press

발간사

성경의 소중함과 성경공부의 가치는 아무리 강조해도 지나치지 않을 것입니다. 성경에서 우리는 생명보다 소중한 하나님의 말씀을 들을 수 있을 뿐만 아니라 우리의 참 왕이시며 주인이신 예수님을 만나 뵙고(요 5:39) 삶의 갖가지 역경과 시련 가운데서도 이를 극복할 수 있는 위로와 용기와 지혜를 얻을 수 있기 때문입니다.

20세기의 기적으로 알려진 헬렌 켈러 여사는 독서의 양이나 사상에 있어서도 뛰어난 인물로, 그녀가 삼중고를 극복하고 어둠 속에서 빛을 발하는 승리의 인생을 마감하면서 우리에게 남겨 준 의미 있는 말에 귀를 기울일 필요가 있습니다: "나에게 잃어버린 세계를 되찾게 한 것은 책의 힘입니다. 그 중에서도 내가 가장 애독하는 것은 성경이지요. 나는 어린 소녀 시절부터 언제나 용기와 기쁨을 얻기 위해 성경을 읽었습니다. 나는 하도 많이 읽어서 어떤 곳은 글자(점자)가 문드러져 나갈 정도였습니다. 그것은 내 손가락 끝에서 점자가 닳고 닳았기 때문입니다. 성경은 나의 전 생애의 지침이 되고 위안이 되었습니다. 삼중고를 짊어진 나에게 불굴의 정신을 갖게 한 것은 성경이었습니다. 나는 날마다 성경을 읽을 적마다 기력을 새로 회복하고 포부를 확대해 나갈 수 있었습니다. 그러므로 시간을 내어 성경을 읽고 영을 새롭게 하여야 합니다."

이와 같이 우리에게 삶의 지혜와 명철을 제공해 주는 성경을 그 어느 과목보다도 열심히 공부해야 하는 것은 평생 동안 하나님의 말씀을 선포하고 성경을 가르쳐야 하는 신학도에게 마치 전쟁을 앞두고 군인이 탄환을 충분히 확보해 두는 것과 같고 가뭄에 대비하여 저수지에 수자원을 넉넉히 비축해 두는 것과 비교할 수 있을 것입니다.

우리 장로회신학대학교에서는 이처럼 성경공부의 중요성을 새롭게 인식하여 지난 2007년부터 신학대학원생들이 졸업하기에 앞서 적어도 두 학기 이상 매 학기마다 개설되는 성경공부 과목을 수강할 수 있게 배려하고 있습니다.

구약성경공부 교재로 이미 출간된 창세기, 여호수아 · 사사기, 이사야에 이어 이번에 선보이는 시편 교재도 우리 장로회신학대학교와 대한예수교장로회에 속한 성경공부 전문가들의 노고를 통하여 출간되는데, 아무쪼록 이 교재를 손에 들고 진행하는 성경공부를 통하여 우리 신학도들이 언제 어디서나 성경공부를 자신 있게 이끌 수 있는 노하우를 터득할 수 있게 되기를 기대하며, 그동안 이 교재를 만들기 위해 애써 주신 여러분들께 진심으로 감사를 드립니다.

2009년 8월 10일

장로회신학대학교 총장(서리) 장 영 일

머리말

본 성경공부 교재는 교역 현장에 보다 직접적인 목회실천적 효용가치가 있는 교육을 실현하기 위해 본 대학교 안에 구성된 교육과정개발위원회의 성경교육개발단에서 개발하는 성경공부 교재 시리즈 가운데 하나이다. 본교는 이미 구약성경공부 교재로서 『창세기』(2008, 2), 『여호수아·사사기』(2008, 9), 『이사야』(2009, 2)를, 또 신약성경공부 교재로서 『마가복음』(2008, 2), 『사도행전』(2008, 9), 『로마서』(2009, 2)를 발간한 바 있으며, 이번에 발간되는 『구약성경공부 교재 19. 시편』은 구약성경공부 교재로서는 네 번째로 발간되는 교재이다.

이 교재는 세 분의 저자들에 의해 집필되었다. 본교 구약학 교수님이신 박동현 교수님, 본교 객원교수이면서 상도중앙교회를 담임하시는 박봉수 목사님, 본교 객원교수이면서 포항 효자교회를 담임하시는 이하준 목사님이 이 교재의 공동저자이다. 이 세 분의 노고에 깊은 감사의 마음을 전한다.

본 교재는 본교의 성경공부 교재 시리즈의 다른 교재들과 마찬가지로 인도자용과 학습자 용 두 권으로 이루어져 있으며, 12번에 걸쳐서 공부가 진행되는 12개의 과로 구성되어 있다. 본 교재의 중심은 수업안에 있다. 그러나 수업안과 더불어 악보, 본문, 참고자료, 서식, 풀이(인도자용에만 있음), 수업일지(인도자용에만 있음)라는 6개의 요소들이 학습자를 매우 알찬 성경공부의 길로 안내한다. 본 교재의 성격은 성서주석학적인 이론적 학문성에 있다기보다는 교회 현장에서의 실천적 적용성에 있다.

본인은 이 『구약성경공부 교재 19. 시편』이 신학교에서 공부하는 신학도들로 하여금 교회의 목회실천 현장에서 보다 효율적으로 성경말씀을 가르치는 사역자로 자신을 준비하는 데 크게 도움을 주는 성경공부 수업의 교재로 유용하게 사용될 뿐만 아니라, 나아가서 한국 교회의 목회자들과 평신도들을 위한 교회현장에서의 성경공부 교재로 널리 사용됨으로써 한국 교회의 성경말씀 연구와 교육을 위해서 크게 기여할 수 있게 되기를 기대한다.

2009년 8월 10일

제4기 교육과정개발위원회 위원장 윤 철 호

일러두기

1. 학습자용 교재의 짜임새

이 교재는 아래 도표에서 볼 수 있듯이, 12과 104쪽 분량의 **'수업안'**, 6곡 5쪽 분량의 **'악보'**, 10군데 25쪽 분량의 **'나누어 읽을 본문'**, 14쪽 분량의 **'참고자료'** 3가지, 40쪽 분량의 **'서식'**, 37쪽 분량의 **'풀이'**, 12쪽 분량의 **'수업일지'** 의 일곱 부분으로 이루어져 있습니다.

	수업안	악보	본문	참고자료	서식	풀이	수업일지	합계
첫 날(1과)	7쪽	3쪽[4찬송]	0	6쪽	3쪽	2쪽	1쪽	22쪽
둘째 날(2과)	8쪽	2쪽[2찬송]	1쪽	0	3쪽	4쪽	1쪽	19쪽
셋째 날(3과)	10쪽	0	2쪽	0	6쪽	3쪽	1쪽	22쪽
넷째 날(4과)	9쪽	0	2쪽	0	4쪽	3쪽	1쪽	19쪽
다섯째 날(5과)	10쪽	0	3쪽	0	3쪽	3쪽	1쪽	20쪽
여섯째 날(6과)	10쪽	0	2쪽	5쪽	3쪽	3쪽	1쪽	24쪽
일곱째 날(7과)	9쪽	0	3쪽	0	3쪽	4쪽	1쪽	20쪽
여덟째 날(8과)	9쪽	0	2쪽	3쪽	3쪽	4쪽	1쪽	22쪽

아홉째 날(9과)	10쪽	0	4쪽	0	3쪽	3쪽	1쪽	21쪽
열째 날(10과)	10쪽	0	4쪽	0	3쪽	4쪽	1쪽	22쪽
열한째 날(11과)	9쪽	0	2쪽	0	3쪽	3쪽	1쪽	18쪽
열두째 날(12과)	3쪽	0	0	0	3쪽	1쪽	1쪽	8쪽
합계	104쪽	5쪽[6찬송]	25쪽	14쪽	40쪽	37쪽	12쪽	237쪽

수업은 '수업안' 을 중심으로 진행합니다. 각 과 수업에서 쓸 '악보' 와 '나누어 읽을 본문' 과 '참고자료' 와 '풀이' 와 '수업일지' 는 각각 따로 한데 묶어서 '수업안' 다음 차례대로 두었습니다. 특히 '서식' 은 필요한 경우에 잘라 내어 쓸 수도 있습니다. '서식' 에는 조모임 보고서와 각 과 공부 마무리 기도문과 몇 군데 특별한 작업의 결과를 적어 넣을 수 있습니다. 이런 점에서 이 교재는 부분적이나마 교과서이자 공책의 성격을 띱니다.

2. '수업안' 에서 쓰는 여러 가지 기호의 뜻은 다음과 같습니다.

'수업안' 에서 쓰는 여러 기호의 뜻은 다음과 같습니다.

☸ 는 전체 모임을,

⇔는 전체 모임에서 바로 옆 사람과 이야기 나누는 경우를,

✎는 각자 할 일을,

❖ 은 조별 모임을,

🔔 는 조별 모임의 결과 보고를,

📖 는 본문 읽기를,

✏는 과제를 표시합니다.

→는 어디를 보라는 표시입니다.

3. 교재의 성격

이 성경공부는 → '1.1.4.참고자료: 과목 소개' 에서 밝혀 놓은 바와 같이 한글 성경을 중심으로 함께 찾은 본문의 중심 가르침을 우리 각자와 모두의 삶에서 실천하여 나와 우리의 삶이 달라짐을 겨냥합니다. 그런 만큼 이 성경공부에서는 본문을 자세히 깊이 주석하거나 설명하지 않습니다. 또한 함께 본문을 읽고 이야기 나누는 과정에서 생기는 여러 가지 궁금한 것들을 낱낱이 알아볼 수도 없습니다. 이런 점들을 널리 양해해 주시기 바랍니다. 본문을 더 깊이 이해하려는 분들은 그에 관한 전문 참고서나 강의를 참고하시기 바랍니다.

감사 말씀

악보를 사용하게 허락해 주신 한국찬송가공회와 채일손 목사님과 류형선 선생님께 깊이 감사드립니다. 또한 2009학년도 1학기에 이 교재의 초고를 교과서로 삼아 진행한 실험수업, '구약성경공부 4' 에서 말씀을 함께 공부하는 기쁨을 맛보면서 여러 가지 좋은 의견을 내 준 30명의 학생들(강승훈, 권동호, 김은혜, 김정훈, 김학봉, 김형동, 박동성, 박미희, 박성민, 박승남, 박효원, 서우진, 성신화, 을지자르갈, 이경미, 이주행, 임승일, 장윤경, 장재령, 전자룡, 정기철, 정필오, 정현호, 조정은, 조현영, 정현미, 한준호, 허휘구, 황재성)에게도 고마운 뜻을 전합니다.

2009년 8월

박동현·박봉수·이하준

목 차

:: **악보**

:: **나누어 읽을 본문**

:: 참고자료

:: 서식

1. 과목 소개, 시편 통틀어 보기

1.1. 인사 나누기와 과목 소개

☸ 1.1.1. 찬송가, "주의 말씀 듣고자"(1967년판 개편찬송가 334장, → 1.1.1. 악보)를 다함께 배워 익힙니다.

⇔1.1.2. 각자 옆에 앉은 사람에게 이름, 학년, 이 과목 수업에서 기대하는 바, 이 수업에 임하는 마음가짐 등을 물어봅니다.

☸ 1.1.3. 그렇게 알아본 것을 밑바탕으로 하여 전체가 다 듣도록 돌아가면서 옆 사람을 소개합니다.

☸ 1.1.4. 과목 소개 (→ 1.1.4. 참고자료)

(1) 구약성경공부 과목 개설 과정과 목적

(2) 구약성경공부교재개발단의 구성과 운영

(3) 성경공부 원칙

① 본문 우선
② 학습자 중심
③ 전인성
④ 공동체성
⑤ 다양성
⑥ 공부방법 습득
⑦ 대중성

(4) 성경공부 지침

① 최종본문 중심
② 개역개정판
③ 30명 한정
④ 12주 과정
⑤ 본문의 특성에 따른 교재의 틀
⑥ 창의성 활용
⑦ 다양한 자료 활용

(5) 매주 공부와 교재의 틀

① '말씀을 향하여'
- 마음열기
- 돌아보기

– 생각하기

② '말씀 속으로'

– 말씀 읽기

– 말씀 듣기

– 말씀 깨닫기

③ '말씀과 함께'

– 말씀 전하기

– 말씀대로 살기

– 다짐하기

⇔1.1.5. 일정한 주제를 두고 서로 **이야기 나눌 때** 조심할 점은 무엇일까요? 또 조모임에서 나눈 이야기를 **전체 앞에서 보고할 때** 조심할 점은 무엇일까요? (→ 1.1.5. 풀이)

☸ 1.1.6. 나눈 이야기를 조모임 기록자가 → '1.1.6. 서식' 에 적어 두었다가 전체 앞에서 짧게 보고하고 함께 정리합니다.

1.2. 시편 통틀어 보기

1.2.1. 마음 열기

☸ 1.2.1.1. 기도찬송, "주님 우리의 마음을 여시어"(2006년 새 찬송가 637장, → 1.2.1.1. 악보)를 다함께 배워 익힙니다.

✍1.2.1.2. 묵상 기도

하나님이 이번 학기 이 과목을 통해 우리 각자와 전체에게 무엇을 가르치려 하시는지 각자 묵상하며 1분 정도 조용히 기도합니다.

1.2.2. 돌아보기

⇔시편을 홀로서나 다른 사람들과 함께 공부하는 가운데 겪었던 좋은 경험이나 어려운 점을 두고 옆에 앉은 사람과 이야기 나누어 보십시다.

1.2.3. 생각하기

❖1.2.3.1. 여섯 사람씩 조를 이루어 다시 한 번 서로 인사 나눈 뒤에 조 이름, 오늘 조모임을 이끌 사람, 오늘 조모임 내용을 기록할 사람을 정하고, 아래 물음을 중심으로 이야기를 나눕니다(→ 1.2.3.1. 풀이).

(1) '시편(詩篇, Psalms)' 이라는 책을 생각하면 무엇이 맨 먼저 떠오릅니까?

(2) 우리말 성경에서 시편은 구약성경의 이른바 '시가서(詩歌書)' 로 분류되는 책들 가운데서 욥기 다음으로 나오는 둘째 책이지만, 히브리말 성경에서 '성문서(聖文書)' 로 분류되는 책 가운데서는 맨 처음에 있습니다. 그만큼 시편이 성문서를 대표하는 책

이라고 할 수 있습니다. '시편' 이라는 책의 제목이 붙은 까닭은 무엇일까요? 이 제목이 시편 전체의 내용에 잘 어울립니까?

(3) 시편을 크게 몇 부분으로 어떻게 나눌 수 있을까요?

(4) 시편에서 중요한 주제는 무엇일까요? 생각나는 대로 한 가지씩만 이야기해 보십시다.

1.2.3.2. 조별로 이야기한 것을 조모임 기록자가 → '1.2.3.2. 서식' 에 적어 두었다가 전체 앞에 보고하고 함께 정리합니다.

1.3. 마무리

❁ 1.3.1. 찬송가, "이 말씀 따라 사는 동인"(류형선 글·가락, → 1.3.1. 악보)을 다함께 배워 익힙니다.

❁ 1.3.2. 기도

이번 한 학기 함께 시편을 잘 공부하려면 우리 각자와 전체에게 무엇이 있어야 하는지 돌아가면서 한 가지씩 말하면서 조별로 공동 기도문을 이 책 뒤에 실린 → '1.3.2. 서식' 에 오늘의 조모임 기록자가 적습니다.

그런 다음에 오늘 조모임을 이끈 사람이 그 공동 기도문을 하나로 묶어 다 읽고 "예수님 이름으로 기도합니다. 아멘."이라고 하면, 다른 조의 사람들은 함께 기도찬송, "우리들의 소원을 들어주옵소서. 아멘."(채일손 글·가락, → '1.3.2. 악보')을 부름으로써 응답합니다.

1.4. 개인별 과제

아래 과제에 대한 답을 A4 한 쪽 분량으로 인터넷 클럽 ……자료실에 ……까지 올립니다.

(1) 시편 1편 전체를 소리 내어 천천히 읽고 그 줄거리를 간추려 적어 봅시다.

(2) 시편 1편을 여러 번 읽고 거기서 새롭게 느낀 점이나 발견한 점을 짧게 적어 봅시다.

(3) 다음 도표의 빈칸을 채우면서 시편 1편의 흐름과 짜임새를 알아봅시다.

<table>
<tr><th>절수</th><th>제목</th><th colspan="2">절수</th><th>내용 요약</th></tr>
<tr><td rowspan="3">1-3절</td><td rowspan="3">복 있는 사람</td><td rowspan="2">1-2절</td><td>1절</td><td></td></tr>
<tr><td>2절</td><td></td></tr>
<tr><td colspan="2">3절</td><td></td></tr>
<tr><td rowspan="3">4-5절</td><td rowspan="3"></td><td colspan="2">4전반절</td><td></td></tr>
<tr><td colspan="2">4후반절</td><td></td></tr>
<tr><td colspan="2">5절</td><td></td></tr>
<tr><td rowspan="2">6절</td><td rowspan="2"></td><td colspan="2">6전반절</td><td></td></tr>
<tr><td colspan="2">6후반절</td><td></td></tr>
</table>

(4) 시편 1편에 자주 나오거나 중요하게 쓰인 낱말이나 표현을 찾아봅시다.

2. 시편 1편 공부

2.1. 말씀을 향하여

2.1.1. 마음 열기

❁ 2.1.1.1. 찬송가, "주의 말씀 듣고자"(1967년판 개편찬송가 334장, → 1.1.1. 악보)를 함께 부릅니다.

ᘐ 2.1.1.2. 묵상기도

지난 삶에서 불행했던 때를 조용히 돌이켜 보며 행복한 삶을 살기 위해 어떻게 할 것인지 생각하며 1분 정도 기도합니다.

2.1.2. 돌아보기

⇔ 지금까지 시편이 어떤 점에서 감동을 주었는지 옆 사람과 잠시 이야기를 나누어 봅시다.

2.1.3. 생각하기

⇔ 지난주 1.4. 개인별 과제를 하다가 가장 새롭게 깨달은 점을 두고 옆 사람과 잠시 이야기를 나누어 봅시다.

2.2. 말씀 속으로

2.2.1. 말씀 읽기

📖 세 사람이 앞에 나와서 오늘 함께 공부할 시편 1편을 ㈎ 1-3절과 ㈏ 4-5절과 ㈐ 6절의 세 부분으로 나누어(→ 2.2.1.1. 나누어 읽을 본문) 각자 한 부분씩 맡아 큰 소리로 시문의 느낌을 될 수 있는 대로 살려 가며 천천히 읽고, 다른 사람들은 성경을 보지 말고 잘 들어 봅시다.

2.2.2. 말씀 듣기

❖ 지난주 '1.4. 개인별 과제' 에서 (3)(4)를 함께 풀어 봅니다.

2.2.2.1. 다음 도표의 빈칸을 채우면서 시편 1편의 흐름과 짜임새를 알아봅시다(→ 2.2.2.1. 풀이).

절수	제목	절수		내용 요약
1-3절	복 있는 사람	1-2절	1절	
			2절	
		3절		
4-5절		4전반절		
		4후반절		
		5절		
6절		6전반절		
		6후반절		

2.2.2.2. 시편 1편에 자주 나오거나 중요하게 쓰인 낱말이나 표현을 찾아봅시다(→ 2.2.2.2. 풀이).

2.2.3. 말씀 깨닫기

❖ 다음 두 물음을 참고하면서 시편 1편 전체의 가르침을 몇 가지 함께 찾아봅시다.

2.2.3.1. 시편 1편에서 '복 있는 사람'과 '악인들'을 구별하는 결정적인 기준은 무엇입니까?(→ 2.2.3.1. 풀이)

2.2.3.2. 그밖에도 본문에서 새롭게 깨달은 것이 있으면 이야기 나누어 보십시다.

🔔 2.2.3.3. 조모임에서 이야기 나눈 것을 조모임 기록자가 → '2.2.3.3. 서식'에 적어 두었다가 전체 앞에서 짧게 보고하고 함께 정리합니다.

2.3. 말씀과 함께

❁ 찬송가, "주님의 귀한 말씀은"(1983년판 찬송가 238장, → 2.3.1.1. 악보)이나 "사랑의 하늘 아버지"(1983년판 찬송가 239장, → 2.3.1.2. 악보)를 다함께 부릅니다.

2.3.1. 말씀 전하기

❖ 2.3.1.1. 각자 시편 1편에서 가장 중요하다고 생각하는 내용을 하나 뽑아 성경을 전혀 읽어 본 적이 없는 사람이 이해할 수 있게 풀어서 알려주는 식으로 1분씩 돌아가며 말해 봅시다.

🔔 2.3.1.2. 각 조에서 한 사람씩만 전체 앞에서 발표합니다.

2.3.2. 말씀대로 살기

2조와 4조는 아래 2.3.2.1.을, 1조와 3조와 5조는 2.3.2.2.를 맡아 해 봅시다. 시간이 있으면 두 문제 모두를 두고 이야기 나누어 봅시다.

2.3.2.1. 우리는 일반적으로 행복이라는 결과에만 관심을 갖습니다. 그래서 교회에서도 "예수 믿으면, 복 받는다!", "예수 믿으면, 잘 산다!"는 메시지를 무분별하게 선포하는 경우가 적지 않습니다. 그렇지만 참된 행복이 무엇인지, 그렇게 행복한 사람이 되려면 어떻게 해야 하는가 하는 문제를 시편 1편에 비추어 함께 이야기 나누어 봅시다.

2.3.2.2. 시편 1편에서 복 있는 사람이 하지 않는 것과 한다고 하는 것을 오늘 나와 우리의 삶에서 어떻게 실천할 수 있을지 함께 이야기 나누어 봅시다.

🔔 2.3.2.3. 조모임에서 이야기 나눈 것을 조모임 기록자가 → '2.3.2.3. 서식' 에 적어 두었다가 전체 앞에서 짧게 보고하고 함께 정리합니다.

◆ 읽어 볼 만한 글

포항제철의 박태준 회장은 정권이 바뀌면서 온갖 부끄러움을 당하고 명예가 땅에 떨어졌습니다. 결국에는 만신창이가 되어 사람들의 이목을 피해 미국으로 건너갔습니다. 하루하루 살아가는 것이 너무 힘들고 잠이 안 오고 견딜 수가 없었습니다. 그러던 중에 이분이 친구의 인도를 따라 교회에 나왔습니다. 교회가 무슨 소용이 있냐고 하던 분이 예수님을 믿고 은혜를 받았습니다. 은혜를 받고 나니 잠이 안 오고 괴롭고 답답하던 마음이 눈 녹듯이 사라지고 마음이 그렇게 편할 수가 없다고 합니다. 인간은 자기 마음도 스스로의 힘으로 해결할 수 없습니다. 하나님께서 은혜를 주셔야 합니다. 그렇게 마음이 편안해지더니 그 다음에는 몸의 병이 치료되었다고 합니다.

- 김삼환, 『새벽눈물』 중에서 -

2.3.3. 다짐하기

❁ 2.3.3.1. 함께 시편 1편 1-2절을 천천히 소리 내어 읽은 뒤에 다함께 찬송 "이 말씀 따라 사는 동안"(류형선 글·가락, → 1.3.1. 악보)을 부릅니다.

❁ 2.3.3.2. 오늘 공부한 내용을 생각하면서 각자의 다짐을 한 문장의 짧은 기도문으로 → '2.3.3.2. 서식' 에 적어 넣습니다. 그런 다음에 오늘 조모임을 이끈 사람이 그 공동 기도문을 하나로 묶어 다 읽고 "예수님 이름으로 기도합니다. 아멘."이라고 하면, 다른 조의 사람들은 함께 기도찬송, "우리들의 소원을 들어주옵소서. 아멘."(채일손 글·가락, → '1.3.2. 악보')을 부름으로써 응답합니다.

2.4.1. 개인별 과제

아래 과제에 대한 답을 A4 한 쪽 분량으로 인터넷 클럽 ……자료실에 ……까지 올립니다.

(1) 시편 1편 공부에서 깨달은 가르침을 한 주간 동안 묵상하고 실천하는 과정에서 느끼게 된 문제점이나 경험을 짤막하게 적어 봅시다.

(2) 시편 2-7편을 읽고 그 줄거리를 간추려 적어 봅시다.

(3) 시편 8편을 여러 번 읽고 거기서 새롭게 느낀 점이나 발견한 점을 짧게 적어 봅시다.

(4) 다음 도표의 빈칸을 채우면서 시편 8편의 흐름과 짜임새를 알아봅시다.

머리말(1절): "여호와 우리 주여 주의 이름이 … 어찌 그리 아름다운지요"	
대적과 ( )들과 보복자들을 잠잠하게 하려 하심(2절)	
창조주 하나님 (3–8절)	창조하신 ( )을 내가 봄(3절) 창조세계에서 ( )이 차지하는 특별한 자리를 깨달음 (4–8절)
맺음말(9절): "여호와 우리 주여 주의 이름이 … 어찌 그리 아름다운지요"	

(5) 시편 8편에 자주 나오거나 중요하게 쓰인 낱말이나 표현을 찾아봅시다.

(6) 이러한 흐름과 짜임새, 또 중요하게 쓰인 낱말이나 표현을 중심으로 시편 8편에서 무엇을 노래하는지 생각해 봅시다.

2.4.2. 공동작업 과제

다섯 조 가운데 한 조가 아래 과제의 결과물로 만든 노래를 인터넷 클럽 ……에 ……까지 올리고, 다음 시간에 전체 앞에서 함께 부릅니다.

오늘 공부한 내용을 다음 순서를 따라 노래로 만들어 함께 불러 봅시다.

시편 1편으로 노래 만들기

(1) 시편 1편을 공부하고 그 가르침을 삶 속에서 실천하는 가운데 받은 은혜를 간단한 글로 옮겨 함께 나누어 봅시다.
(2) 그 내용을 기초로 하여 노랫말을 만들어 봅시다.
(3) 가락을 붙입니다. 필요하면 전문가의 도움을 받을 수도 있습니다. 또 랩으로도 만들 수 있습니다.

3. 시편 8편 공부

3.1. 말씀을 향하여

3.1.1. 마음 열기

☸ 3.1.1.1. 찬송가, "주님의 귀한 말씀은"(1983년판 찬송가 238장, → 2.3.1.1. 악보)을 다함께 부릅니다.

☙ 3.1.1.2. 묵상기도
우리의 가까운 주변에서 창조주 하나님의 능력과 은혜를 느낄 수 있는 요소들을 묵상하며 1분 정도 조용히 기도합니다.

3.1.2. 돌아보기

☸ 3.1.2.1. 지난주 '2.4.2. 공동작업 과제'를 맡은 조가 만든 시편 1편 노래를 함께 들어보고, 이를 들어본 느낌을 한두 사람이 전체 앞에서 말해 봅시다. 또 노래를 만든 조에서 한 사람이, 함께 준비한 과정이나 준비하면서 느낀 점 등을 두고 간단히 보고해 봅시다.

⇔3.1.2.2. 지난주 공부에서 깨달은 바를 통해 나와 우리의 삶이 어떻게 얼마나 달라졌는지 잠시 옆 사람과 이야기 나누어 봅시다.

3.1.3. 생각하기

⇔3.1.3.1. 지난주 2.4.1. 개인별 과제를 하다가 가장 새롭게 깨달은 점을 두고 옆 사람과 잠시 이야기를 나누어 봅시다.

☸ 3.1.3.2. 앞 3.1.2.2.와 3.1.3.1.에서 나눈 이야기를 한두 사람이 전체 앞에서 짤막하게 보고합니다.

3.2. 말씀 속으로

3.2.1. 말씀 읽기

📖 오늘 함께 공부할 시편 8편을 다음과 같이 두 가지 방식으로 소리 내어 읽어 봅시다.

3.2.1.1. 한 사람이 앞에 나와서, 시편 8편을 배경음악(→ '3.2.1.1. 악보'에 나온 '시편 8편' 찬양 음반을 사용하거나, 그 곡을 악기로 직접 연주할 수 있습니다)에 맞추어 천천히 읽고, 다른 사람들은 성경을 보지 말고 잘 들어 봅시다.

3.2.1.2. 한 조가 다 앞에 나와서, 시편 8편의 ㈎ 표제를 조모임 인도자가 읽고, ㈏ 1절과 8절은 조원 전체가 함께 읽고, ㈐ 3-7절은 조모임 기록자가 읽습니다(→ '3.2.1.2. 본문 나누어 읽기'). 다른 조원들은 성경을 보지 말고 잘 들어 봅시다.

3.2.2. 말씀 듣기

❖ 지난주 '2.4.1. 개인별 과제'에서 (4)(5)(6)을 함께 풀어 봅니다.

3.2.2.1. 다음 도표의 빈칸을 채우면서 시편 8편의 흐름과 짜임새를 알아봅시다(→ 3.2.2.1. 풀이).

<table>
<tr><td colspan="2">머리말(1절): “여호와 우리 주여 주의 이름이 … 어찌 그리 아름다운지요”</td></tr>
<tr><td colspan="2">대적과 (　　　　)들과 보복자들을 잠잠하게 하려 하심(2절)</td></tr>
<tr><td>창조주
하나님
(3-8절)</td><td>창조하신 (　　　　)을 내가 봄(3절)
창조세계에서 (　　　　)이 차지하는
특별한 자리를 깨달음 (4-8절)</td></tr>
<tr><td colspan="2">맺음말(9절): “여호와 우리 주여 주의 이름이 … 어찌 그리 아름다운지요”</td></tr>
</table>

3.2.2.2. 시편 8편에 자주 나오거나 중요하게 쓰인 낱말이나 표현을 찾아봅시다(→ 3.2.2.2. 풀이).

3.2.2.3. 이러한 흐름과 짜임새, 또 중요하게 쓰인 낱말이나 표현을 중심으로 시편 8편에서 무엇을 노래하는지 생각해 봅시다(→ 3.2.2.3. 풀이).

3.2.3. 말씀 깨닫기

❖ 시편 8편의 가르침을 몇 가지 함께 찾아봅시다.

3.2.3.1. 시편 8편에서 ‘여호와 우리 주’를 찬양하는 까닭은 무엇입니까?

3.2.3.2. 그밖에도 본문에서 새롭게 깨달은 것이 있으면 이야기 나누어 보십시다.

🔔 3.2.3.3. 조모임에서 이야기 나눈 것을 조모임 기록자가 → '3.2.3.3. 서식'에 적어 두었다가 전체 앞에서 짧게 보고하고 함께 정리합니다.

3.3. 말씀과 함께

☸ 복음성가, "여호와 우리 주여"(가사는 아래에 있음)나 찬송가, "저 높고 푸른 하늘과"(2006년판 찬송가 78장, 가사는 아래에 있음)를 다함께 부릅니다.

"여호와 우리 주여"

여호와 우리 주-여 주의 이름이- 온 땅-에-
어찌 그리 아름다운지요- 어찌 그리 아름다운지요-
여호와 우리 주-여 주의 이름이- 온 땅-에-
어찌 그리 아름다운지요- 어찌 그리 아름다운지요-
주의 손가락으로 지으신- 주의 하늘과-
주가 베풀어두신 달과 별- 내가 보오니-
사람이 무엇이관대- 주께서 저를- 생각하시며
인자가 무엇이관대- 저를 권고하시나이까
여호와 우리 주-여 주의 이름이- 온 땅-에-
어찌 그리 아름다운지요- 어찌 그리 아름다운지요-
여호와 우리 주-여 주의 이름이- 온 땅-에-
어찌 그리 아름다운지요- 어찌 그리 아름다운지요-

"저 높고 푸른 하늘과"

1. 저 높고 푸른 하–늘–과– 수–없–는– 빛난 별–들–을
지으신 이는 창–조–주– 그–솜–씨– 크고 크–셔–라
날마다 뜨는 저 태양 하나––님 크––신 권––능을
만백성 모두 보라고 만방––에 두––루 비치네
2. 해 지고 황혼 깃–들–때– 동–편–에– 달이 떠–올–라
밤마다 귀한 소–식–을– 이– 땅–에– 두루 전–하–네
행성과 항성 모든 별 저마––다 제––길 돌––면서
창조의 기쁜 소식을 온 세––상 널––리 전하네
3. 엄숙한 침묵 속–에–서– 뭇–별–이– 제 길 따–르–며
지구를 싸고 돌–때–에– 들–리–는– 소리 없–어–도
내 마음 귀가 열리면 그 말––씀 밝––히 들––리네
우리를 지어 내신 이 대 주––재 성––부 하나님 아멘

3.3.1. 말씀 전하기

✍ 3.3.1.1. 표제를 뺀 시편 8편의 내용을 하나님이 사람에게 말씀하시는 형식으로, 곧 "너희 인간들아, 내 이름이 온 땅에 어찌 그리 아름다운가! … " 라는 식으로 바꾸어 말하거나 → '3.3.1.1. 서식' 에 써 보십시다. 그런 다음에 한두 사람이 전체 앞에서 바꾸어 쓴 글을 읽어 봅시다.

❖ 3.3.1.2. 하나님이 창조주이시며 우리 사람들에게 특별한 자리를 마련해 주셨음을 찬양하는 시나 시조를 조별로 한 편씩 지어 봅시다.

🔔 3.3.1.3. 조모임에서 이야기 나눈 것을 조모임 기록자가 → '3.3.1.3. 서식' 에 적어 두었다가 전체 앞에서 짧게 보고하고 함께 정리합니다.

3.3.2. 말씀대로 살기

❖ 3.3.2.1. 우리 사람을 생각하시고 돌보아 주실 뿐만 아니라 영화로 존귀의 관을 씌워 주시면서 만물을 다스리게 하신 창조주 하나님의 뜻을 거슬러 나와 우리가 저지른 잘못을 한 가지씩 말해 보고 이를 어떻게 바로잡을 것인지 서로 이야기해 보십시다.

❖ 3.3.2.2. 어떤 기독교인이 경영하는 기업체에서 공장 폐수를 함부로 바다로 흘려보내어 창조세계를 크게 망가뜨리고 있음이 드러났을 때, 시편 8편의 가르침에 그 잘못을 알려 주고 더는 그리하지 말 것을 권고하는 짧은 청원서를 → '3.3.2.2. 서식 ' 에 써 보십시다.

🔔 3.3.2.3. 조모임에서 이야기 나눈 것을 조모임 기록자가 → '3.3.2.3. 서식' 에 적어 두었다가 전체 앞에서 짧게 보고하고 함께 정리합니다.

◆ 읽어 볼 만한 글

오늘 우리는 성경의 창조 교리를, 특히 우리 인간이 피조물이라는 사실을 힘써 강조할 필요가 있다. 우리는 우리 영혼의 대장도 아니고 운명의 주인도 아니다. 우리는 창조 질서의 일부이며 따라서 전적으로 의존적인 존재다. 우리에게 필요한 것은 오만한 획득이 아닌 겸허한 신로의 자세디. 지금도 앞으로도 우리의 소유는 그분의 자비로운 손에서 온다.

개인적인 자존감에서도 우리는 하나님께 의존해 있다. 우리의 독특성과 존엄성의 뿌리는 하나님의 형상대로 지음 받은 사실에 있다. 우리의 가치는 부(富), 신분, 성취, 지위에 달려 있지 않다. 그것은 선물이다. 이 놀라운 진리는 인간을 업적이나 소유로 규정하려는 현대의 성향과 분명히 정면으로 충돌한다.

타락의 끔찍한 실체는 인간이 하나님에 대한 의존성을 거부했다는 것이다. 아담과 하와는 하나님이 금하신 것을 취했다. 사실상 "우리 힘으로 먹고 살겠다"라는 말과 같았다. 그들은 하나님이 뭔가 좋은 것을 감춰 두고 있다는 뱀의 거짓말을 믿고 하나님의 선하심을 의심했다. 그러자 그들은 자신들이 벌거벗은 것을 알았다. 여기서 벌거벗음이란 옷이 없는 상태라기보다 의존성을 거부하면서 생겨난 무서운 나약성이었다. 독립은 언제나 값비싼 대가를 치르고 찾아온다. 하나님의 은혜와 공급을 거부하는 경우에 특히 그렇다.

단순성이란 의존의 자세로 돌아가는 것을 의미한다. 어린아이처럼 신뢰의 영(靈)으로 살아가는 것이다. 우리가 가진 것은 선물로 받은 것이다.

- 리처드 포스터, 『심플라이프』 31-32쪽 -

3.3.3. 다짐하기

❁ 3.3.3.1. 함께 시편 8편 4, 6, 8절을 인도자가 천천히 소리 내어 읽은 뒤에 다함께 찬송 "이 말씀 따라 사는 동안"(류형선 글·가락, → 1.3.1. 악보)을 부릅니다.

❁ 3.3.3.2. 오늘 공부한 내용을 생각하면서 각자의 다짐을 한 문장의 짧은 기도문으로 → '3.3.3.2. 서식' 에 적어 넣습니다. 그런 다음에 오늘 조모임을 이끈 사람이 그 공동 기도문을 하나로 묶어 다 읽고 "예수님 이름으로 기도합니다. 아멘."이라고 하면, 다른 조의 사람들은 함께 기도찬송, "우리들의 소원을 들어주옵소서. 아멘."(채일손 글·가락, → '1.3.2. 악보')을 부름으로써 응답합니다.

3.4. 개인별 과제

아래 과제에 대한 답을 A4 한 쪽 분량으로 인터넷 클럽 ……자료실에 ……까지 올립니다.

(1) 시편 8편 공부에서 깨달은 가르침을 한 주간 동안 묵상하고 실천하는 과정에서 느끼게 된 문제점이나 경험을 짤막하게 적어 봅시다.

(2) 시편 9-12편을 읽고 그 줄거리를 간추려 적어 봅시다.

(3) 시편 13편을 여러 번 읽고 거기서 새롭게 느낀 점이나 발견한 점을 짧게 적어 봅시다.

(4) 시편 13편을 이루는 세 부분(1-2, 3-4, 5-6절)에서 각각 중심 표현을 찾아 아래 도표의 빈 칸에 적어 넣으면서 시 13편의 흐름과 짜임새를 살펴봅시다.

절수	구성 요소	중심 표현
1-2	탄식	
3-4	기원	
5-6	신뢰와 결심의 고백	

(5) 시편 13편에 자주 나오거나 중요하게 쓰인 낱말을 찾아봅시다.

(6) 이러한 흐름과 짜임새, 또 중요하게 쓰인 낱말이나 표현을 중심으로 시편 13편에서 무엇을 노래하는지 생각해 봅시다.

4. 시편 13편 공부

4.1. 말씀을 향하여

4.1.1. 마음 열기

☸ 4.1.1.1. 찬송가, “주의 말씀 듣고자”(1967년판 개편찬송가 334장, → 1.1.1. 악보)를 함께 부릅니다.

☙ 4.1.1.2. 묵상기도
큰 위기나 고민에 빠져 하나님께 간절히 기도한 때를 되돌아보면서 1분 정도 조용히 기도합니다.

4.1.2. 돌아보기

⇔4.1.2.2. 지난주 공부에서 깨달은 바를 통해 나와 우리의 삶이 어떻게 얼마나 달라졌는지 잠시 옆 사람과 이야기 나누어 봅시다.

4.1.3. 생각하기

⇔4.1.3.1. 지난주 '3.4. 개인별 과제'를 하다가 가장 새롭게 깨달은 점을 두고 옆 사람과 잠시 이야기를 나누어 봅시다.

☸ 4.1.3.2. 앞 4.1.3.1.에서 나눈 이야기를 한두 사람이 전체 앞에서 짤막하게 보고 합니다.

4.2. 말씀 속으로

4.2.1. 말씀 읽기

🕮 세 사람이 앞에 나와서 오늘 함께 공부할 시편 13편에서 표제는 다함께 읽고, 나머지 부분은 ㈎ 탄식, ㈏ 기원, ㈐ 신뢰와 결심의 고백, 세 부분으로 나누어, 각자가 한 부분씩 맡아 소리 내어 읽습니다(→ '4.2.1. 본문 나누어 읽기'). 다른 사람들은 성경을 보지 말고 잘 듣습니다.

4.2.2. 말씀 듣기

❖ 지난주의 '3.4.1. 개인별 과제'에서 (4)(5)(6)을 함께 풀어 봅니다.

4.2.2.1. 시편 13편을 이루는 세 부분(1-2, 3-4, 5-6절)에서 각각 중심 표현을 찾아 아래 도표의 빈 칸에 적어 넣으면서 시 13편의 흐름과 짜임새를 살펴봅시다(→ 4.2.2.1. 풀이).

절수	구성 요소	중심 표현
1-2	탄식	
3-4	기원	
5-6	신뢰와 결심의 고백	

4.2.2.2. 시편 13편에 자주 나오거나 중요하게 쓰인 낱말이나 표현을 찾아봅시다(→ 4.2.2.2. 풀이).

4.2.2.3. 이러한 흐름과 짜임새, 또 중요하게 쓰인 낱말이나 표현을 중심으로 시편 8편에서 무엇을 노래하는지 생각해 봅시다(→ 4.2.2.3. 풀이).

4.2.3. 말씀 깨닫기

❖ 다음 여러 물음을 중심으로 시편 13편의 가르침을 몇 가지 함께 찾아봅시다.

4.2.3.1. 시인이 1-2절에서 탄식한 까닭은 무엇입니까?

4.2.3.2. 시인이 3-4절에서 기원한 내용과 기도를 하나님이 들어주시도록 내세운 까닭은 무엇입니까?

4.2.3.3. 시인이 5-6절에서 기뻐하고 찬송하겠다고 한 근거는 무엇입니까?

4.2.3.4. 그밖에도 본문에서 새롭게 깨달은 것이 있으면 이야기 나누어 보십시다.

🔔 4.2.3.5. 조모임에서 이야기 나눈 것을 조모임 기록자가 → '4.2.3.5. 서식'에 적어 두었다가 전체 앞에서 짧게 보고하고 함께 정리합니다.

4.3. 말씀과 함께

❁ 찬송가, "주여 나의 병든 몸을"(2006년판 찬송가 471장, 가사는 아래에 있음)을 다함께 부릅니다.

1. 주여 나의 병든 몸을 지금 고쳐 주소서
   모든 병을 고쳐 주마 주 약속하셨네
   내가 지금 굳게 믿고 주님 앞에 구하오니
   주여 크신 권능으로 곧 고쳐 주소서
2. 나의 주님 뜻이라면 나를 고쳐 주소서
   머리 위에 기름 붓고 날 고쳐 주소서
   모든 것을 다 바치고 간구하는 나의 몸을
   지금 주의 약속대로 곧 고쳐 주소서
3. 주를 위해 살겠으니 나를 고쳐 주소서
   내게 속한 모든 것은 다 주의 것이니

성령이여 강림하사 능력 있는 손을 펴서
나의 몸을 어루만져 곧 고쳐 주소서

4. 나의 병을 고쳐 주심 내가 믿사옵니다
지금부터 영원부터 주 찬송하겠네
나를 구원하신 말씀 어디든지 전하오리
나의 병을 고쳐 주심 참 감사합니다 아멘

4.3.1. 말씀 전하기

❖ 4.3.1.1. 우리가 아는 그리스도인이 오랜 중병(重病)이나 거듭된 실패나 사고 등으로 지속적으로 큰 위기에 처해 탄식하고 고민하며 하나님을 원망하는 지경에 이르렀을 때, 시편 13편의 가르침을 가지고 어떻게 위로하고 힘을 줄 수 있을지 이야기 나누어 보십시다.

❖ 4.3.1.2. 그 그리스도인에게 휴대전화로 보낼 문자 메시지를 만들어 보십시다.

🔔 4.3.1.3. 조모임에서 이야기 나눈 것을 조모임 기록자가 → '4.3.1.3. 서식' 에 적어 두었다가 전체 앞에서 짧게 보고하고 함께 정리합니다.

4.3.2. 말씀대로 살기

❖ 4.3.2.1. 지금 나 자신이나 우리를 계속 힘들게 하는 상황이 있다면 무엇인지 생각해 보고 이 상황에서 시 13편의 가르침을 따라 한 편의 탄원의 시나 기도문을 → '4.3.2.2. 서식'에 적어 두었다가 조원끼리 서로 돌려 봅시다.

🔔 4.3.2.2. 각조에서 가장 인상 깊은 탄원의 시나 기도문을 전체 앞에서 다시 한 번 읽고, 다른 조에 속한 사람들은 그것을 들은 느낌을 말합니다.

◆ 읽어 볼 만한 글

루마니아가 공산 치하에서 한참 어려움을 당할 때 리처드 범브란트 목사님은 14년 동안 감옥살이를 했습니다. 죄수가 독방에서 혼자 견디는 것은 죽는 것보다 더 고통스러운 일이라는 말을 어떤 분으로부터 들은 적이 있습니다. 그런데 범브란트 목사님은 14년을 버틸 수 있었다니 기적이라 할 수 있습니다. 어떻게 살아남을 수 있었을까 하는 궁금증이 자연히 일어납니다.

그가 출옥을 한 뒤에 저술한 책이 있습니다. 이 책에서 그는 비결이 무엇이었는가를 아름답게 고백하고 있습니다. "감옥에서 보낸 햇수가 제게 길게 여겨지지 않았던 것은 홀로 독방에 갇혀 있으면서도 믿음이나 사랑을 넘어선 어떤 기쁨을 하나님 안에서 발견했기 때문입니다. 그 기쁨이란 이 세상 어느 것에도 견줄 수 없는 아주 깊고도 특이한 황홀경 같은 것이었습니다. 그래서 제가 감옥에서 나왔을 때는 마치 수십 리에 뻗쳐 있는 평화롭고 아름다운 시골을 내려다볼 수 있는 산정에서 갑자기 평지로 내려온 것 같은 느낌을 받았습니다. 여기서 우리는 그가 감옥 밖에서 지낸 사람들보다 훨씬 행복하게 살았다는 것을 발견합니다.

- 옥한흠, 『로마서 1』 중에서-

4.3.3. 다짐하기

☸ 4.3.3.1. 함께 시편 13편 1, 6절을 인도자가 천천히 소리 내어 읽은 뒤에 다함께 찬송 "이 말씀 따라 사는 동안"(류형선 글·가락, → 1.3.1. 악보)을 부릅니다.

☸ 4.3.3.2. 오늘 공부한 내용을 생각하면서 각자의 다짐을 한 문장의 짧은 기도문으로 → '4.3.3.2. 서식' 에 적어 넣습니다. 그런 다음에 오늘 조모임을 이끈 사람이 그 공동 기도문을 하나로 묶어 다 읽고 "예수님 이름으로 기도합니다. 아멘."이라고 하면, 다른 조의 사람들은 함께 기도찬송, "우리들의 소원을 들어주옵소서. 아멘."(채일손 글·가락, → '1.3.2. 악보')을 부름으로써 응답합니다.

✐ 4.4.1. 개인별 과제

아래 과제에 대한 답을 A4 한 쪽 분량으로 인터넷 클럽 ……자료실에 ……까지 올립니다.

(1) 시편 13편 공부에서 깨달은 가르침을 한 주간 동안 묵상하고 실천하는 과정에서 느끼게 된 문제점이나 경험을 짤막하게 적어 봅시다.

(2) 시편 14-21편을 읽고 그 줄거리를 간추려 적어 봅시다.

(3) 시편 22편을 여러 번 읽고 거기서 새롭게 느낀 점이나 발견한 점을 짧게 적어 봅시다.

(4) 아래 도표의 빈칸을 채우면서 시편 22편의 흐름과 짜임새를 알아봅시다.

절수	문학 유형	장절	구성 요소 또는 주제
1-21절	탄원시	1-2절	탄식 1
			신뢰 고백 1
			탄식 2
			신뢰 고백 2
			기원 1
			탄식 3
			기원 2
		21절 후반절	응답
22-32절	감사찬송시		결심 고백 1 (찬송)
			찬송 권유 1
			결심 고백 2 (서원 이행)
			찬송 권유 2
			확신 고백(예배 확장)

(5) 시편 22편에 자주 나오거나 중요하게 쓰인 낱말이나 표현을 찾아봅시다.

(6) 이러한 흐름과 짜임새, 또 중요하게 쓰인 낱말이나 표현을 중심으로 시편 13편에서 무엇을 노래하는지 생각해 봅시다.

4.4.2. 공동작업 과제

다섯 조 가운데 한 조가 아래 과제의 결과물을 인터넷 클럽 ……에 ……까지 올리고, 다음 시간에 전체 앞에서 5분 동안 보고합니다.

오늘 공부한 내용을 다음 순서를 따라 "어느 때까지니이까?"라는 제목으로 5분 일인 극(一人劇, monodrama)으로 만들어 실제로 해 봅시다.

일인 극 만들어 하기

(1) 시편 13편의 표제를 따라 사무엘상하에 나오는 다윗 이야기 가운데서 시편 13편과 관련시킬 부분을 고릅니다.
(2) 대본을 간단히 씁니다.
(3) 출연자를 정합니다.
(4) 의상, 장치를 최소한으로 준비합니다.
(5) 몇 차례의 연습을 거쳐 대본을 수정 보완합니다.
(6) 대본을 따라 실제로 해 봅니다.

5. 시편 22편 공부

5.1. 말씀을 향하여

5.1.1. 마음 열기

❁ 5.1.1.1. 찬송가, "사랑의 하늘 아버지"(1983년판 찬송가 239장, → 2.3.1.2. 악보)를 다함께 부릅니다.

✐ 5.1.1.2. 묵상기도

그리스도의 수난과 부활이 오늘 나와 우리에게 실제로 어떤 영향을 미치고 있는지 묵상하며 1분 정도 조용히 기도합니다.

5.1.2. 돌아보기

❁ 5.1.2.1. 지난주 '4.4.2. 공동작업 과제'를 맡은 조가 준비한 일인 극(一人 劇), "어느 때까지니이까?"를 보고, 이를 본 느낌을 한두 사람이 전체 앞에서 말해 봅시다. 또 일인 극을 준비한 조에서 한 사람이, 함께 준비한 과정이나 준비하면서 느낀 점 등을 두고 간단히 보고해 봅시다.

⇔5.1.2.2. 지난주 공부에서 깨달은 바를 통해 나와 우리의 삶이 어떻게 얼마나 달라졌는지 잠시 옆 사람과 이야기 나누어 봅시다.

5.1.3. 생각하기

⇔5.1.3.1. 지난주 5.4.1. 개인별 과제를 하다가 가장 새롭게 깨달은 점을 두고 옆 사람과 잠시 이야기를 나누어 봅시다.

❁ 5.1.3.2. 앞 5.1.3.1.에서 나눈 이야기를 한두 사람이 전체 앞에서 짧게 말해 보고 합니다.

5.2. 말씀 속으로

5.2.1. 말씀 읽기

📖 한 조의 여섯 사람이 앞에 나와서 오늘 함께 공부할 시편 22편을 소리 내어 읽고 다른 사람들은 성경을 보지 말고 잘 들어 봅시다.

표제는 조원이 다함께 읽고 그 나머지 본문은, 그 구성 요소나 주제를 따라 ㈎ 탄식, ㈏ 신뢰 고백, ㈐ 기원과 응답, ㈑ 결심 고백, ㈒ 찬송 권유, ㈓ 확신 고백의 여섯 부분으로 나누어(→ '5.2.1. 본문 나누어 읽기') 한 부분씩 맡아 각 부분의 성격에 맞게 읽습니다. 곧 탄식은 몸과 마음의 괴로움이 잘 드러나게, 신뢰 고백과 결심 고백과 확신 고백은 진실하고도 단호하게, 기원은 간절히 기도하는 마음으로, 찬송 권유는 힘차게 읽습니다.

5.2.2. 말씀 듣기

❖ 지난주 '5.4.1. 개인별 과제' 에서 (4)(5)(6)을 함께 풀어 봅니다.

5.2.2.1. 표제를 뺀 시편 22편은 탄원시인 1-21절과 감사찬양시인 22-32절의 두 부분으로 나눌 수 있습니다. 아래 도표의 빈칸을 채우면서 시편 22편의 흐름과 짜임새를 알아봅시다(→ 5.2.2.1. 풀이).

절수	문학 유형	장절	구성 요소 또는 주제
1-21절	탄원시	1-2절	탄식 1
			신뢰 고백 1
			탄식 2
			신뢰 고백 2
			기원 1
			탄식 3
			기원 2
		21절 후반절	응답
22-32절	감사찬송시		결심 고백 1 (찬송)
			찬송 권유 1
			결심 고백 2 (서원 이행)
			찬송 권유 2
			확신 고백(예배 확장)

5.2.2.2. 시편 22편에 자주 나오거나 중요하게 쓰인 낱말이나 표현을 찾아봅시다(→ 5.2.2.2. 풀이).

5.2.2.3. 이러한 흐름과 짜임새, 또 중요하게 쓰인 낱말이나 표현을 중심으로 시편 22편에서 무엇을 노래하는지 생각해 봅시다(→ 5.2.2.3. 풀이).

5.2.3. 말씀 깨닫기

❖ 5.2.3.1. 시편 22편의 가르침을 몇 가지 함께 찾아봅시다.

🔔 5.2.3.2. 조모임에서 이야기 나눈 것을 조모임 기록자가 → '5.2.3.2. 서식' 에 적어 두었다가 전체 앞에서 짧게 보고하고 함께 정리합니다.

5.3. 말씀과 함께

❁ 찬송가, "어려운 일 당할 때"(2006년판 찬송가 543장, 가사는 아래에 있음)를 다 함께 부릅니다.

1. 어려운 일 당할 때 나의 믿음 적-으나
   의지하는 내 주를 더-욱 의지합니다
   (후렴) 세월 지나갈수록 의지할 것뿐일세
   무슨 일을 당해도 예수 의-지합니다
2. 성령께서 내 마음 밝히 비춰 주-시니
   인도하심 따라서 주-만 의지합니다
3. 밝을 때에 노래와 어둘 때에 기-도로
   위태할 때 도움을 주-께 간구합니다
4. 생명 있을 동안에 예수 의지합-니다
   천국 올라가도록 의-지할 것뿐일세

5.3.1. 말씀 전하기

❖ 5.3.1.1. 시편 22편의 주인공의 처지에서 자신이 겪은 바를 풀어 이야기하는 형식으로 바꾸어 말해 봅시다.

❁ 5.3.1.2. 앞 5.1.1.1.에서 나눈 이야기를 한두 사람이 전체 앞에서 짧게 말해 보고합니다.

5.3.2. 말씀대로 살기

❖ 5.3.2.1. 하나님께 버림받았다는 느낌을 들 정도로 심각한 위기에 처한다면 어떻게 할 것인지 서로 이야기 나누어 봅시다.

🔔 5.3.2.2. 조모임에서 이야기 나눈 것을 조모임 기록자가 → '5.3.2.2. 서식'에 적어 두었다가 전체 앞에서 짧게 보고하고 함께 정리합니다.

◆ 읽어 볼 만한 글

특별취재단="(이)원희의 불타는 투혼은 분명히 금메달감이었습니다." 2004 아테네 올림픽에서 한국 선수단에 첫 금메달을 안긴 이원희(23.마사회)가 남자 73㎏급 우승이 확정된 뒤 매트에서 내려오자마자 강한 포옹으로 감사의 마음을 전했던 권성세(47) 남자팀 감독은 수제자인 이원희 칭찬에 열을 올렸다. 이원희가 첫 경기 상대였던 아나톨리 라류코프(벨로루시)와 경기 중 오른쪽 집게손가락이 빠지는 부상을 딛고 영광의 금메달을 목에 걸었기 때문이다.

이원희가 손가락이 탈골이 된 건 라류코프와 치열한 접전을 벌이던 경기 시작 후 3분여 쯤.

업어치기 공격을 들어가다 손가락이 돌아가면서 탈골됐고 다행히 들어메치기 유효로 이겨 한숨을 돌렸지만 벤치를 지키던 권성세 감독은 근육 경련 때문에 금메달 꿈을 접어야 했던 최민호(창원경륜공단, 60㎏급)의 악몽이 순간적으로 스쳤다.

이원희는 집게와 중지를 테이핑으로 함께 묶는 응급처치를 받았고 손가락 통증이 엄습해 왔지만 상대 선수에 내색하지 않고 16강에 나서 지난해 코리아오픈 결승 때 뼈아픈 패배를 안겼던 지미 페드로(미국)에게 시원한 소매들어 업어치기 한판으로 설욕했다. 권 감독은 손가락 부담이 큰 업어치기를 자제하도록 주문했음에도 이원희의 고집을 꺾을 수 없었고 진통제를 맞으라는 의사의 권유도 소용이 없었다.

이원희는 심해지는 탈골 부위의 고통을 참고 결국 8강과 준결승, 결승까지 내리 4경기를 한판승으로 장식하고 아노리오시아 홀에 애국가를 울려 퍼지게 만들었다. 권 감독은 "우리 몸은 강한 정신력으로 무장하면 피가 나도 자동 지혈되는 등 '자기치료' 가 있다. 원희는 워낙 승부욕과 정신력이 강해 고통을 스스로 이겨 낸 것 같다" 고 말했다.

금메달을 딴 뒤 긴장이 풀리면서 악수를 하기 어려울 정도로 통증이 심해진 이원희는 "예수님이 십자가에 못 박혀 죽으실 때 당했던 고통에 비하면 충분히 참을 수 있는 것이었다" 며 독실한 기독자 신자다운 소감과 함께 오히려 고통이 승부욕을 더욱 자극했고 강한 정신력으로 재무장할 수 있었던 것 같다 "고 환한 웃음을 지어 보였다.

-「국민일보」 2004년 8월 17일자 기사에서

5.3.3. 다짐하기

❁ 5.3.3.1. 함께 시편 22편 21-22절을 인도자가 천천히 소리 내어 읽은 뒤에 다함께 찬송 "이 말씀 따라 사는 동안"(류형선 글·가락, → 1.3.1. 악보)을 부릅니다.

❁ 5.3.3.2. 오늘 공부한 내용을 생각하면서 각자의 다짐을 한 문장의 짧은 기도문으로 → '5.3.3.2. 서식' 에 적어 넣습니다. 그런 다음에 오늘 조모임을 이끈 사람이 그 공동 기도문을 하나로 묶어 다 읽고 "예수님 이름으로 기도합니다. 아멘."이라고 하면, 다른 조의 사람들은 함께 기도찬송, "우리들의 소원을 들어주옵소서. 아멘."(채일손 글·가락, → '1.3.2. 악보')을 부름으로써 응답합니다.

5.4.1. 개인별 과제

아래 과제에 대한 답을 A4 한 쪽 분량으로 인터넷 클럽 ……자료실에 ……까지 올립니다.

(1) 시편 22편 공부에서 깨달은 가르침을 한 주간 동안 묵상하고 실천하는 과정에서 느끼게 된 문제점이나 경험을 짤막하게 적어 봅시다.

(2) 시편 23편을 여러 번 읽고 거기서 새롭게 느낀 점이나 발견한 점을 짧게 적어 봅시다.

(3) 시편 23편은 여호와와 나의 관계를 목자의 양의 관계에 빗대어 말하는 1-4절과 주인과 손님의 관계에 빗대어 말하는 5-6절의 두 부분으로 이루어져 있습니다. 도표의 빈 칸을 채우면서 시편 23편의 흐름과 짜임새를 살펴봅시다.

<table>
<tr><td rowspan="6">1-3</td><td colspan="2">여호와 : 목 자</td><td colspan="2">'나' : 양</td></tr>
<tr><td>절</td><td>내 용</td><td>절</td><td>내 용</td></tr>
<tr><td>1전반절</td><td></td><td>1후반절</td><td></td></tr>
<tr><td>2절</td><td></td><td colspan="2" rowspan="2"></td></tr>
<tr><td>3절</td><td></td></tr>
<tr><td>4후반절</td><td></td><td>4전반절</td><td></td></tr>
<tr><td rowspan="4">4-6</td><td colspan="2">여호와 : 주 인</td><td colspan="2">'나' : 손 님</td></tr>
<tr><td>절</td><td>내 용</td><td>절</td><td>내 용</td></tr>
<tr><td>5절</td><td></td><td>5절끝</td><td>'내' 잔이 넘침</td></tr>
<tr><td>6전반절</td><td></td><td>6후반절</td><td></td></tr>
</table>

(4) 이러한 흐름과 짜임새를 중심으로 시편 23편에서 무엇을 노래하는지 생각해 봅시다

5.4.2. 공동작업 과제

다섯 조 가운데 한 조가 아래 과제의 결과물을 인터넷 클럽 ……에 ……까지 올리고, 다음 시간에 전체 앞에서 7-8분 동안 보고합니다.

여러 차례 거듭될 뿐만 아니라 날이 갈수록 더 심해지는 괴로움 가운데서도 한결같이 주님을 의지하여 그 어려움을 이겨 내고 감사와 찬양의 열매를 바친 그리스도인들이 우리 둘레에 있는가 살펴보고 그런 그리스도인(들)을 함께 찾아가 뵙고 이야기 나눈 결과를 여러 가지 자료(사진, 문서, 녹음, 인터뷰 기사 등)로 만들어 보고합니다. 다음과 같은 순서로 함께 준비할 수 있습니다.

인터뷰 보고 자료 만들기

(1) 찾아뵙고 말씀을 나눌 사람을 찾아보고 정합니다.
(2) 찾아뵐 시간과 장소를 정합니다.
(3) 인터뷰에 쓸 기구(사진기, 녹음기 등)를 준비하고 각 자 할 일을 정합니다.
(4) 인터뷰 보고 자료를 함께 만듭니다.

그런 그리스도인을 찾기 힘들면, 한국 교회사에서 도저히 견디기 어려운 선교 상황이나 박해 상황을 굳센 믿음으로 이겨 내고 감사와 찬양의 삶을 산 선교사나 교역자나 평신도를 한 사람 골라 그의 삶에 대해 알아본 것을 여러 가지 자료로 만들어 봅시다.

6. 시편 23편 공부

6.1. 말씀을 향하여

6.1.1. 마음 열기

☸ 6.1.1.1. 찬송가, “주의 말씀 듣고자”(1967년판 개편찬송가 334장, → 1.1.1. 악보)를 함께 부릅니다.

✎ 6.1.1.2. 묵상기도

그동안 살아오다가 하나님이 나와 우리를 이끄시고 지키시며 보살피신다는 사실을 아주 강하게 느낀 때를 돌이켜보며 1분 정도 조용히 기도합니다.

6.1.2. 돌아보기

☸ 6.1.2.1. 지난주 '5.4.2. 공동작업 과제'를 맡은 조가 준비한 자료를 중심으로 보고하고, 보고를 듣고 본 느낌을 한두 사람이 전체 앞에서 말해 봅시다. 또 준비한 조에서 한 사람이, 함께 준비한 과정과 준비하면서 느낀 점 등을 두고 짧게 보고해 봅시다.

⇔6.1.2.2. 지난주 공부에서 깨달은 바를 통해 나와 우리의 삶이 어떻게 얼마나 달라졌는지 잠시 옆 사람과 이야기 나누어 봅시다.

6.1.3. 생각하기

⇔6.1.3.1. 지난주 '5.4.1. 개인별 과제'를 하다가 가장 새롭게 깨달은 점을 두고 옆 사람과 잠시 이야기를 나누어 봅시다.

☸ 6.1.3.2. 앞 6.1.3.1.에서 나눈 이야기를 한두 사람이 전체 앞에서 짤막하게 보고합니다.

6.2. 말씀 속으로

6.2.1. 말씀 읽기

📖 오늘 함께 공부할 시편 23편을, 나운영 가락의 "여호와는 나의 목자시니"를 배경음악으로 삼고 다음과 두 가지 방식으로 소리 내어 읽어 봅시다.

6.2.1.1. 한 조의 여섯 사람이 앞에 나와서 오늘 함께 공부할 시편 23편에서 표제를 뺀 여섯 절을 한 절씩 나누어 소리 내어 읽고, 다른 사람들은 성경을 보지 말고 잘 들어 봅시다.

6.2.1.2. 표제를 뺀 시편 23편을 ㈎ 하나님 또는 하나님께 속한 것이 주어인 문장과 ㈏ '내' 또는 '나'에게 속한 것이 주어인 문장으로 나누어(→ 6.2.1.2. 나누어 읽을 본문), 두 사람이 한 부분씩 맡아 앞에 나와 읽어 봅시다.

6.2.2. 말씀 듣기

❖ 지난주 '5.4.1. 개인별 과제'에서 (3)(4)를 함께 풀어 봅니다.

6.2.2.1. 시편 23편은 여호와와 나의 관계를 목자의 양의 관계에 빗대어 말하는 1-4절과 주인과 손님의 관계에 빗대어 말하는 5-6절의 두 부분으로 이루어져 있습니다. 아래 도표의 빈 칸을 채우면서 시편 23편의 흐름과 짜임새를 살펴봅시다(→ 6.2.2.1. 풀이).

<table>
<tr><td rowspan="7">1-3</td><td colspan="2">여호와 : 목 자</td><td colspan="2">'나' : 양</td></tr>
<tr><td>절</td><td>내 용</td><td>절</td><td>내 용</td></tr>
<tr><td>1전반절</td><td></td><td>1후반절</td><td></td></tr>
<tr><td>2절</td><td></td><td colspan="2" rowspan="2"></td></tr>
<tr><td>3절</td><td></td></tr>
<tr><td>4후반절</td><td></td><td>4전반절</td><td></td></tr>
<tr><td colspan="4"></td></tr>
<tr><td rowspan="4">4-6</td><td colspan="2">여호와 : 주 인</td><td colspan="2">'나' : 손 님</td></tr>
<tr><td>절</td><td>내 용</td><td>절</td><td>내 용</td></tr>
<tr><td>5절</td><td></td><td>5절끝</td><td>'내' 잔이 넘침</td></tr>
<tr><td>6전반절</td><td></td><td>6후반절</td><td></td></tr>
</table>

6.2.2.2. 이러한 흐름과 짜임새를 중심으로 시편 23편에서 무엇을 노래하는지 생각해 봅시다(→ 6.2.2.2. 풀이).

6.2.3. 말씀 깨닫기

❖ 6.2.3.1. 시편 23편의 가르침을 몇 가지 함께 찾아봅시다.

🔔 6.2.3.2. 조모임에서 이야기 나눈 것을 조모임 기록자가 → '6.2.3.2. 서식' 에 적어 두었다가 전체 앞에서 짧게 보고하고 함께 정리합니다.

6.3. 말씀과 함께

☸ 성가, "여호와는 나의 목자"(나운영 가락, 가사는 아래에 있음)이나 찬송가, "선한 목자 되신 우리 주"(2006년판 찬송가 569장, 가사는 아래에 있음)를 다함께 부릅니다.

"여호와는 나의 목자"

여호와는 나의 목-자시니 내게 부족함이 없으리-로다
여호와는 나의 목-자시니 내게 부족함이 없으리-로다
나로 하여금 푸른 초장에 눕-게 하시-며
잔잔한 물가로 잔잔한 물가로 인-도하시도다
(간주) 진실로 선함과 인-자하심이 인-자하심이
나의 사-는 날까지 나를 따르리니
내-가 내가 여호와 전에 영-원토록
영원토록 영원토록 거하리-로다 아멘

'선한 목자 되신 우리 주는"

1. 선한 목자되신 우리 주- 항상 인도하시고
   푸른 풀밭 좋은 곳에서- 우리 먹여주소서
   선한 목자 구세주여 항상 인도하소서
   선한 목자 구세주여 항상 인도하소서
2. 양의 문이 되신 예수여- 우리 영접하시고

길을 잃은 양의 무리를— 항상 인도하소서
선한 목자 구세주여 기도 들어주소서
선한 목자 구세주여 기도 들어주소서

3. 흠이 많고 약한 우리를— 용납하여 주시고
주의 넓고 크신 은혜로— 자유 얻게 하셨네
선한 목자 구세주여 지금 나아갑니다
선한 목자 구세주여 지금 나아갑니다

4. 일찍 주의 뜻을 따라서— 살아가게 하시고
주의 크신 사랑 베푸사— 따라가게 하소서
선한 목자 구세주여 항상 인도하소서
선한 목자 구세주여 항상 인도하소서 아멘

6.3.1. 말씀 전하기

❖ 6.3.1.1. 시편 23편을 자기 출신 지역의 사투리로 바꾸어 읊어 봅시다(→ 6.3.1. 참고자료).

❁ 6.3.1.2. 각 지방이나 지역 사투리 별로 한두 사람이 전체 앞에서 발표합니다.

6.3.2. 말씀대로 살기

❖ 6.3.2.1. 여호와를 목자로, 예수님을 목자로 모시고 살아가려면 어떻게 해야 하는지 이야기 나누어 보십시다.

🔔 6.3.2.2. 조모임에서 이야기 나눈 것을 조모임 기록자가 → '6.3.2.2. 서식' 에 적어 두었다가 전체 앞에서 짧게 보고하고 함께 정리합니다.

◆ 읽어 볼 만한 글

20세기 초에 실제로 있었던 일입니다. 헨리 모리슨 선교사는 40년 동안의 아프리카 선교를 마치고 고향 미국으로 향하는 배에 올랐습니다. 그가 탄 배에는 때마침 약간의 정치적 임무와 함께 사냥을 하고 돌아가는 루스벨트 대통령이 타고 있었습니다.

배가 뉴욕 항구에 도착하자, 커다란 팡파르와 함께 대통령을 마주나온 환영 인파의 박수 소리가 요란하게 울려 퍼졌습니다. 루스벨트는 수많은 사람들의 환영을 받으며, 레드 카펫을 밟고 항구를 빠져나갔습니다.

대통령이 사라지자 팡파르도 그쳤습니다. 레드 카펫도 치워졌습니다. 군중도 흩어졌습니다. 그 항구를 혼자 쓸쓸히 빠져나오면서, 모리슨 선교사는 눈물을 흘렸습니다. "하나님, 이것이 저의 40년간의 헌신의 결과란 말입니까?" 바로 그 순간, 아름다운 저녁노을 너머로 들려오는 음성이 있었습니다!

"아들아! 너는 아직 고향에 돌아오지 않았다. 네가 고향에 돌아오는 날, 팡파르가 아닌 천군 천사의 나팔 소리로, 레드 카펫이 아닌 황금 길을 깔아 놓고, 내가 친히 마중하마!"

- 이동원, 『믿음의 모델링에 도전하라』 중에서 -

6.3.3. 다짐하기

☸ 6.3.3.1. 함께 시편 23편 1, 6절을 인도자가 천천히 소리 내어 읽은 뒤에 다함께 찬송 "이 말씀 따라 사는 동안"(류형선 글·가락, → 1.3.1. 악보)을 부릅니다.

❁ 6.3.3.2. 오늘 공부한 내용을 생각하면서 각자의 다짐을 한 문장의 짧은 기도문으로 → '6.3.3.2. 서식'에 적어 넣습니다. 그런 다음에 오늘 조모임을 이끈 사람이 그 공동 기도문을 하나로 묶어 다 읽고 "예수님 이름으로 기도합니다. 아멘."이라고 하면, 다른 조의 사람들은 함께 기도찬송, "우리들의 소원을 들어주옵소서. 아멘."(채일손 글·가락, → '1.3.2. 악보')을 부름으로써 응답합니다.

6.4. 개인별 과제

아래 과제에 대한 답을 A4 한 쪽 분량으로 인터넷 클럽 ……자료실에 ……까지 올립니다.

(1) 시편 23편 공부에서 깨달은 가르침을 한 주간 동안 묵상하고 실천하는 과정에서 느끼게 된 문제점이나 경험을 짤막하게 적어 봅시다.

(2) 시편 24-50편을 읽고 그 줄거리를 간추려 적어 봅시다.

(3) 시편 51편을 여러 번 읽고 거기서 새롭게 느낀 점이나 발견한 점을 짧게 적어 봅시다.

(4) 다음 도표의 빈칸을 채우면서 시편 51편의 흐름과 짜임새를 알아봅시다.

절수	구성 요소	간추린 내용
1-2	기원 1	
	죄 고백	
	기원 2	사죄와 깨끗한 마음을 위한 기원
13	결심 고백 1	
	기원 3	
	결심 고백 2	찬송할 뜻을 밝힘
15전	기원 4	
	결심 고백 3	
	신뢰 고백 1	
	기원 5	예루살렘을 위한 기원
19	신뢰 고백 2	

(5) 시편 51편에 자주 나오거나 중요하게 쓰인 낱말이나 표현이 시편의 흐름을 따라 어떻게 달라지고 있는지 찾아봅시다.

(6) 이러한 흐름과 짜임새, 또 중요하게 쓰인 낱말이나 표현을 중심으로 시편 51편에서 무엇을 기도하며 노래하는지 무엇인지 생각해 봅시다.

7. 시편 51편 공부

7.1. 말씀을 향하여

7.1.1. 마음 열기

☸ 7.1.1.1. 찬송가, "주님의 귀한 말씀은"(1983년판 찬송가 238장, → 2.3.1.1. 악보)을 함께 부릅니다.

ꝺ 7.1.1.2. 묵상기도
지난날 하나님 앞에 눈물로 회개하며 나의 죄를 고백한 때를 돌이켜 보며 1분 정도 조용히 기도합니다.

7.1.2. 돌아보기

⇔ 지난주 공부에서 깨달은 바를 통해 나와 우리의 삶이 어떻게 얼마나 달라졌는지 잠시 옆 사람과 이야기 나누어 봅시다.

7.1.3. 생각하기

⇔7.1.3.1. 지난주 '6.4. 개인별 과제'를 하다가 가장 새롭게 깨달은 점을 두고 옆 사람과 잠시 이야기를 나누어 봅시다.

❁ 7.1.3.2. 앞 7.1.3.1.에서 나눈 이야기를 한두 사람이 전체 앞에서 짤막하게 보고 합니다.

7.2. 말씀 속으로

7.2.1. 말씀 읽기

🕮 한 조에서 여섯 사람이 앞에 나와서 오늘 함께 공부할 시편 51편을, 그 구성 요소를 따라 ㈎㈏ 표제, ㈐ 기원, ㈑ 죄 고백, ㈒ 결심 고백, ㈓ 확신 고백의 다섯 부분으로 나누어 한 부분씩 맡아 소리 내어 읽어 봅시다(→ 7.2.1. 나누어 읽을 본문, 표제는 두 사람이 읽음). 다른 사람들은 성경을 보지 말고 잘 들어 봅시다.

7.2.2. 말씀 듣기

❖ 지난주 '6.4. 개인별 과제'에서 (4)(5)(6)을 함께 풀어 봅니다.

7.2.2.1. 다음 도표의 빈칸을 채우면서 시편 51편의 흐름과 짜임새를 알아봅시다(→ 7.2.2.1. 풀이).

절수	구성 요소	간추린 내용
1-2	기원 1	
	죄 고백	
	기원 2	사죄와 깨끗한 마음을 위한 기원
13	결심 고백 1	
	기원 3	
	결심 고백 2	찬송할 뜻을 밝힘
15전	기원 4	
	결심 고백 3	
	신뢰 고백 1	
	기원 5	예루살렘을 위한 기원
19	신뢰 고백 2	

7.2.2.2. 시편 51편에 자주 나오거나 중요하게 쓰인 낱말이나 표현이 시편의 흐름을 따라 어떻게 달라지고 있는지 찾아봅시다(→ 7.2.2.2. 풀이).

7.2.2.3. 이러한 흐름과 짜임새, 또 중요하게 쓰인 낱말이나 표현을 중심으로 시편 51편에서 무엇을 기도하며 노래하는지 무엇인지 생각해 봅시다(→ 7.2.2.3. 풀이).

7.2.3. 말씀 깨닫기

❖ 7.2.3.1. 시편 51편의 가르침을 몇 가지 함께 찾아봅시다.

🔔 7.2.3.2. 조모임에서 이야기 나눈 것을 조모임 기록자가 → '7.2.3.2. 서식' 에 적어 두었다가 전체 앞에서 짧게 보고하고 함께 정리합니다.

7.3. 말씀과 함께

❁ 복음성가, "정결한 맘 주시옵소서"(가사는 아래에 있음)나 찬송가, "주 예수님 내 맘에 오사"(2006년판 찬송가 286장, 가사는 아래에 있음)를 다함께 부릅니다.

"정결한 맘 주시옵소서"

정결한 맘 주시옵소서- 오--주님- 정직한 영을 새롭게 하소서-
정결한 맘 주시옵소서- 오--주님- 정직한 영을 새롭게 하소서-
나를 주님 앞-에서 멀리하지 마시고 주의 성령을 거두지 마옵소서
그 구원의 기쁨- 다시 회복 시키시-고 변치 않는 맘 내 안에 주소서-

"주 예수 내 맘에 오사"

1. 주 예수님 내 맘에 오사 날 붙들어 주-시고

내 마음에 새 힘을 주사 늘 기쁘게 하소서

(후렴) 사랑의 주 사랑의 주 내 맘속에 찾아오-사

내 모든 죄 사 하시고 내 상한 맘 고치소서 아멘

2. 주 예수님 내 맘에 소사 내 소원 다 아-시고

내 무거운 짐 맡아 주사 참 평안을 주소서

3. 주 예수님 내 맘에 오사 날 정결케 하-시고

그 은혜를 내 맘에 채워 늘 충만케 하소서

4. 주 예수님 내 맘에 오사 내 길 인도하-시고

주 성령을 내 맘에 채워 늘 충만케 하소서

7.3.1. 말씀 전하기

❖ 7.3.1.1. 자신이 저지른 잘못 때문에 괴로워하는 사람을, 시편 51편의 가르침을 중심으로, 위로하고 격려하며 새롭게 일어서게 하려면 무엇을 어떻게 말할 것인지 서로 이야기 나누어 봅시다.

☸ 7.3.1.2. 앞 7.3.1.1.에서이야기 나눈 것을 한두 사람이 전체 앞에서 발표합니다.

7.3.2. 말씀대로 살기

❖ 7.3.2.1. 오늘 내 처지에서 참회시나 참회문을 500자 이내로 → 서식 7.3.2.1에 간단히 써서 조원들 앞에서 읽어 봅시다.

🔔 7.3.2.2. 조모임에서 들어본 참회시나 참회문 가운데서 하나를 골라 전체 앞에서 다시 한 번 더 읽습니다.

◆ 읽어 볼 만한 글

회개는 그리스도인과 불가분의 관계에 있는 용어입니다. 그러나 그리스도인이 회개를 자주 언급하긴 하지만, 회개가 삶으로 연결되지 못하는 경우가 허다합니다. 그것은 회개에 대한 그릇된 이해 때문입니다. 회개를 바르게 이해하기 위해서는 먼저 회개와 자복의 차이를 아는 것이 중요합니다. 회개와 자복은 그리스도인들이 가장 크게 혼동하는 것 중 하나입니다.

'자복하다'는 "제가 이러이러한 잘못을 범했습니다."라고 고백하는 것입니다. 또한 "저를 향해 지적하신 제 잘못들을 인정합니다."라고 동의하는 것입니다. 그리고 "앞으로는 잘못을 범치 않고 바르게 살겠습니다"라고 약속하는 것입니다.

이에 반해 '회개하다'는 아예 돌아서가나 길을 바꾼다는 의미가 있습니다. 이를테면 동쪽으로 가던 사람이 자신의 방향이 틀렸음을 아는 즉시 180도로 돌아서는 것입니다. 따라서 자복이 회개의 시작일 수는 있지만, 그 자체가 회개인 것은 아닙니다. "하나님 제가 이런 잘못을 했습니다. 다시는 하지 않겠습니다."라는 것은 자복입니다. 그리고 이 자복이 행동으로 드러나는 것이 회개입니다.

- 이재철, 『성숙자반』 중에서 -

7.3.3. 다짐하기

☸ 7.3.3.1. 함께 시편 51편 17절을 인도자가 천천히 소리 내어 읽은 뒤에 다함께 찬송 "이 말씀 따라 사는 동안"(류형선 글·가락, → 1.3.1. 악보)을 부릅니다.

☸ 7.3.3.2. 오늘 공부한 내용을 생각하면서 각자의 다짐을 한 문장의 짧은 기도문으로 → '7.3.3.2. 서식'에 적어 넣습니다. 그런 다음에 오늘 조모임을 이끈 사람이 그 공동 기도문을 하나로 묶어 다 읽고 "예수님 이름으로 기도합니다. 아멘."이라고 하면,

다른 조의 사람들은 함께 기도찬송, "우리들의 소원을 들어주옵소서. 아멘."(채일손 글·가락, → '1.3.2. 악보')을 부름으로써 응답합니다.

7.4. 개인별 과제

아래 과제에 대한 답을 A4 한 쪽 분량으로 인터넷 클럽 ……자료실에 ……까지 올립니다.

(1) 시편 51편 공부에서 깨달은 가르침을 한 주간 동안 묵상하고 실천하는 과정에서 느끼게 된 문제점이나 경험을 짤막하게 적어 봅시다.

(2) 시편 52-78편을 읽고 그 줄거리를 간추려 적어 봅시다.

(3) 시편 79편을 여러 번 읽고 거기서 새롭게 느낀 점이나 발견한 점을 짧게 적어 봅시다.

(4) 다음 세 도표의 빈칸을 채우면서 시편 79편의 흐름과 짜임새를 알아봅시다.

① 세 부분으로 이루어진 79편

구성 요소	탄식	기원	확신·결심 고백
절수			13절

② 세 주체와 관련된 탄식(1-5절)

관련 주체	적(이방 나라들)	우리	여호와
인칭과 수			이인칭 단수
절수			5절

③ 두 관련 대상이 번갈아 나오는 기원(6-12절)

관련 대상	적(이방 나라들)	우리
절수		
기원의 내용		
기원하는 까닭		

(5) 시편 79편에 자주 나오거나 중요하게 쓰인 낱말이나 표현을 찾아봅시다.

(6) 이러한 흐름과 짜임새, 또 중요하게 쓰인 낱말이나 표현을 중심으로 시편 79편에서 무엇을 기도하며 노래하는지 무엇인지 생각해 봅시다.

8. 시편 79편 공부

8.1. 말씀을 향하여

8.1.1. 마음 열기

☸ 8.1.1.1. 찬송가, "주의 말씀 듣고자"(1967년판 개편찬송가 334장, → 1.1.1. 악보)를 함께 부릅니다.

🙏 8.1.1.2. 묵상기도

최근에 일반 사회로부터 손가락질을 당하고 있는 한국 교회와 경제 위기에 처한 한국 사회를 생각하며 1분 정도 조용히 기도합니다.

8.1.2. 돌아보기

⇔ 지난주 공부에서 깨달은 바를 통해 나와 우리의 삶이 어떻게 얼마나 달라졌는지 잠시 옆 사람과 이야기 나누어 봅시다.

8.1.3. 생각하기

⇔8.1.3.1. 지난주 '7.4. 개인별 과제'를 하다가 가장 새롭게 깨달은 점을 두고 옆 사람과 잠시 이야기를 나누어 봅시다.

❁ 8.1.3.2. 앞 8.1.3.1.에서 나눈 이야기를 한두 사람이 전체 앞에서 짤막하게 보고합니다.

8.2. 말씀 속으로

8.2.1. 말씀 읽기

🕮 세 사람이 앞에 나와서 오늘 함께 공부할 시편 79편의 표제는 함께 읽고, 나머지 부분은 ㈎ 탄식, ㈏ 기원, ㈐ 확신과 결심의 고백, 세 부분으로 나누어 한 부분씩 맡아 소리 내어 읽어 봅시다(→ 8.2.1. 나누어 읽을 본문, 표제는 두 사람이 읽음). 다른 사람들은 성경을 보지 말고 잘 들어 봅시다.

8.2.2. 말씀 듣기

❖ 지난주 '7.4. 개인별 과제'에서 (4)(5)(6)을 함께 풀어 봅니다.

8.2.2.1. 다음 세 도표의 빈칸을 채우면서 시편 79편의 흐름과 짜임새를 알아봅시다(→ 8.2.2.1. 풀이).

① 세 부분으로 이루어진 79편

구성 요소	탄식	기원	확신·결심 고백
절수			13절

② 세 주체와 관련된 탄식(1–5절)

관련 주체	적(이방 나라들)	우리	여호와
인칭과 수			이인칭 단수
절수			5절

③ 두 관련 대상이 번갈아 나오는 기원(6–12절)

관련 대상	적(이방 나라들)	우리
절수		
기원의 내용		
기원하는 까닭		

8.2.2.2. 시편 79편에 자주 나오거나 중요하게 쓰인 낱말이나 표현을 찾아봅시다(→ 8.2.2.2. 풀이).

8.2.2.3. 이러한 흐름과 짜임새, 또 중요하게 쓰인 낱말이나 표현을 중심으로 시편 79편에서 무엇을 기도하며 노래하는지 무엇인지 생각해 봅시다(→ 8.2.2.3. 풀이).

8.2.3. 말씀 깨닫기

❖ 아래 여러 물음을 참고하면서 시편 79편의 가르침을 몇 가지 함께 찾아봅시다.

8.2.3.1. 시편 79편의 '우리'는 누구이며 어떤 형편에 있습니까? 그 '우리'를 오늘의 누구와 견줄 수 있겠습니까?

8.2.3.2. 그밖에도 본문에서 새롭게 깨달은 것이 있으면 이야기 나누어 봅시다.

🔔 8.2.3.3. 조모임에서 이야기 나눈 것을 조모임 기록자가 → '8.2.3.3. 서식'에 적어 두었다가 전체 앞에서 짧게 보고하고 함께 정리합니다.

8.3. 말씀과 함께

❁ 복음성가, "부흥"(가사는 아래에 있음)을 다함께 부릅니다.

이 땅의 황무함을 보소서- 하늘의 하나님-
궁휼을 베푸시는 주님 우리의 죄악을 용서하소서- 이 땅 고쳐 주소서

이제 우리 모두 하나 되어- 이 땅의 무너진- 기초를 다시 쌓을 때
우리의 우상들을 태우실-- 성령의 불- 임하소서
부흥의 불길- 타오르게 하소서- 진리의 말씀- 이 땅 새롭게 하소서-
은혜의 강물- 흐르게 하소서- 성령의 바람- 이제 불어와
오- 주의 영-광 가득한 새 날 주소서 오- 주님 나-라 이 땅에 임하소서

8.3.1. 말씀 전하기

❖ 8.3.1.1. 비록 하나님을 거스른 탓에 닥친 일이기는 하나 교회 바깥의 악의에 찬 사람들에게 엄청나게 시달리는 나라 안팎의 교회에 속한 사람들을 위로하고 격려하려고 할 때 꼭 하고 싶은 말을 한 마디씩 서로 나누어 봅시다.

❁ 8.3.1.2. 앞 8.3.1.1.에서 이야기 나눈 것을 한두 사람이 전체 앞에서 발표합니다.

8.3.2. 말씀대로 살기

❖ 8.3.2.1. 오늘 우리 한국 교회가 교회 밖의 세력 때문에 겪는 어려움과 비방의 내용이 무엇이며 그럴 때 우리는 어떻게 해야 하는지 이야기 나누어 봅시다.

🔔 8.3.2.2. 조모임에서 이야기 나눈 것을 조모임 기록자가 → '8.3.2.2 서식' 에 적어 두었다가 전체 앞에서 간단히 보고하고 함께 정리합니다.

◆ 읽어 볼 만한 글

미국의 명배우 토머스 에드워드 머독은 링컨이 대통령을 있을 당시 초청을 받고 대통령 숙고에서 하루를 보낸 일이 있었습니다. 그때는 남북전쟁이 진행 중이어서 링컨은 매우 고심하고 있었습니다. 한밤중에 머독은 절제된 절규의 소리가 들리는 곳을 향해 가보니 거기엔 기도하는 링컨의 모습이 보였습니다. 링컨은 무릎을 꿇고 "하나님 이 나라가 바른길로 갈 수 있도록 지켜 주소서"라고 기도하고 있었던 것입니다. 머독은 그때 확신했습니다. 지도자가 기도하는 한 나라는 굳건하다는 것을 확신하였습니다.

-「국민일보」 2002년 9월 26일자 민경설 목사의 칼럼에서

8.3.3. 다짐하기

❁ 8.3.3.1. 함께 시편 79편 1, 13절을 인도자가 천천히 소리 내어 읽은 뒤에 다함께 찬송 "이 말씀 따라 사는 동안"(류형선 글·가락, →1.3.1. 악보)을 부릅니다.

❁ 8.3.3.2. 오늘 공부한 내용을 생각하면서 각자의 다짐을 한 문장의 짧은 기도문으로 → '8.3.3.2. 서식' 에 적어 넣습니다. 그런 다음에 오늘 조모임을 이끈 사람이 그 공동 기도문을 하나로 묶어 다 읽고 "예수님 이름으로 기도합니다. 아멘."이라고 하면, 다른 조의 사람들은 함께 기도찬송, "우리들의 소원을 들어주옵소서. 아멘."(채일손 글·가락, → '1.3.2. 악보')을 부름으로써 응답합니다.

8.4.1. 개인별 과제

아래 과제에 대한 답을 A4 한 쪽 분량으로 인터넷 클럽 ……자료실에 ……까지 올립니다.

(1) 시편 79편 공부에서 깨달은 가르침을 한 주간 동안 묵상하고 실천하는 과정에서 느끼게 된 문제점이나 경험을 짤막하게 적어 봅시다.

(2) 시편 80–99편을 읽고 그 줄거리를 간추려 적어 봅시다.

(3) 시편 100편을 여러 번 읽고 거기서 새롭게 느낀 점이나 발견한 점을 짧게 적어 봅시다.

(4) 시편 100편에서 명령 부분과 서술 부분을 찾아 아래 도표의 빈 칸에 적어 넣으면서 시편 100편의 흐름과 짜임새를 알아봅시다.

	1-3절	4-5절
명령 부분		
서술 부분		

(5) 시편 100편에 자주 나오거나 중요하게 쓰인 낱말이나 표현을 찾아봅시다.

(6) 시편 100편의 흐름과 짜임새, 또 이 시편에서 중요한 낱말이나 표현을 살펴보면서 시편 100편이 무엇을 노래하고 있는지 생각해 봅시다. 또 시편 104편, 135편, 150편과 비교해 봅시다.

8.4.2. 공동작업 과제

다섯 조 가운데 한 조가 아래 과제의 결과물을 인터넷 클럽 ……에 ……까지 올립니다.

8.4.2.1. → 참고자료 8.4.2.1. 시편 79편에 기대어 쓴 '민족해방을 기념하는 시' 를 읽고 다음 여러 가지 점에서 이 시를 시편 79편과 견주어 보아 어떤 점에서 둘이 비슷하고 어떤 점에서 둘이 다른지, 또 이 시에서 좋은 점과 아쉬운 점을 두고 이야기 나누어 봅시다.

8.4.2.2. 시편 79편을 참고하면서, 한국 교회와 세계 교회가 오늘 겪고 있는 어려운 상황을 담아 '교회 공동체의 탄원시'를 한 편 함께 지어, 다음 시간에 전체 앞에서 잘 낭송해 봅시다.

교회 공동체 탄원시 짓기

(1) 오늘 한국 교회와 세계 교회가 겪는 어려움을 생각해 봅니다.
(2) 교회공동체 탄원시에 담길 내용을 정합니다.
(3) 교회공동체 탄원시의 흐름과 짜임새를 정합니다.
(4) 교회공동체 탄원시의 중심낱말과 표현을 생각해 봅니다.
(5) 교회공동체 탄원시 초고를 써 봅니다.
(6) 교회공동체 탄원시를 초고를 소리 내어 읽어 보고 다듬습니다.

9. 시편 100편 공부

9.1. 말씀을 향하여

9.1.1. 마음 열기

❁ 9.1.1.1. 찬송가, "주의 말씀 듣고자"(1967년판 개편찬송가 334장, → 1.1.1. 악보)를 함께 부릅니다.

ꝸ 9.1.1.2. 묵상기도
그리스도인들이 하나님을 왜, 어떻게 찬양하는지를 생각하면서 1분 정도 조용히 기도합니다.

9.1.2. 돌아보기

❁ 9.1.2.1. 지난주 '8.4.2. 공동작업 과제'를 맡은 조가 함께 지은 '교회 공동체 탄원시'를 앞에서 나와 낭송하고, 이를 들은 느낌을 한두 사람이 전체 앞에서 말해 봅시다. 시를 준비한 조에서는 한 사람이, 준비하는 과정과 준비하면서 느낀 점 등을 두고 짧게 보고합니다.

⇔9.1.2.2. 지난주 공부에서 깨달은 바를 통해 나와 우리의 삶이 어떻게 얼마나 달라졌는지 잠시 옆 사람과 이야기 나누어 봅시다.

9.1.3. 생각하기

⇔9.1.3.1. 지난주 '8.4.1. 개인별 과제'를 하다가 가장 새롭게 깨달은 점을 두고 옆 사람과 잠시 이야기를 나누어 봅시다.

❁ 9.1.3.2. 앞 9.1.3.1.에서 나눈 이야기를 한두 사람이 전체 앞에서 짧게 말해 보고합니다.

9.2. 말씀 속으로

9.2.1. 말씀 읽기

🕮 오늘 함께 공부할 시편 100편을 다음과 같이 두 가지 방식으로 읽습니다.

9.2.1.1. 일반 교회의 주일 오전 예배에서 성시교독을 할 때 하듯이, → '9.2.1.1. 나누어 읽을 본문' 을 보고, 시편 100편을 ㈎ 인도자와 ㈏ 회중이 함께 또는 번갈아 가면서 읽습니다.

9.2.1.2. 두 사람이 앞에 나와 시편 100편을 ㈎ 명령 부분과 ㈏ 서술 부분으로 나누어 하나씩 맡아 읽고, 다른 사람들은 성경을 보지 말고 잘 들어 봅시다(→ 9.2.1.2. 나누어 읽을 본문).

9.2.2. 말씀 듣기

❖ 지난주 '8.4.1. 개인별 과제' 에서 (4)(5)(6)을 함께 풀어 봅니다.

9.2.2.1. 시편 100편에서 명령 부분과 서술 부분을 찾아 아래 도표의 빈 칸에 적어 넣으면서 시편 100편의 흐름과 짜임새를 알아봅시다(→ 9.2.2.1. 풀이).

	1-3절	4-5절
명령 부분		
서술 부분		

9.2.2.2. 시편 100편에 자주 나오거나 중요하게 쓰인 낱말이나 표현을 찾아봅시다(→9.2.2.2. 풀이).

9.2.2.3. 시편 100편의 흐름과 짜임새, 또 이 시편에서 중요한 낱말이나 표현을 살펴보면서 시편 100편이 무엇을 노래하고 있는지 생각해 봅시다. 또 시편 104편, 135편, 150편과 비교해 봅시다(→9.2.2.3. 풀이).

9.2.3. 말씀 깨닫기

❖ 9.2.3.1. 시편 100편의 가르침을 몇 가지 함께 찾아봅시다.

🔔 9.2.3.2. 조모임에서 이야기 나눈 것을 조모임 기록자가 → '9.2.3.2. 서식' 에 적어 두었다가 전체 앞에서 짧게 보고하고 함께 정리합니다.

9.3. 말씀과 함께

☸ 복음성가, "감사함으로 그 문에"(가사는 아래에 있음)나 찬송가, "주 우리 하나님"(2006년판 찬송가 14장, 가사는 아래에 있음)을 다함께 부릅니다.

"감사함으로 그 문에"

감사함으로 그 문에 들어가–며 그의 궁전에 들어가
주께 감사드리며 그– 이름–을 송축–할–지–어–다
주님의 기쁨 내게 임하네 나 항상 기쁨 안에서 주 찬양
주님의 기쁨 내게 임하네 나 기쁜 찬송 주께 드리네

"주 우리 하나님"

1. 주 우리 하나님 하늘에 계시니 온 천하 만민 주 앞에 찬송하네
   이 천지만물도 주– 앞–에– 엎드려 그 거룩하신 이름–을 늘–높이네
2. 주 언약하신 것 끝까지 지키니 저 하늘나라 향하여 곧 가리라
   주 얼굴 뵈올 때 내– 맘–이– 기쁘고 영원히 주의 영광–을 찬–양하리
3. 왕의 왕 되신 주 하늘에 계시니 이 세상 죄악 이기신 구주 예수
   저 천군천사들 주– 옹–위–하고서 뭇 성도 함께 영원–히 늘–섬기네
4. 성삼위일체께 승리한 무리들 다 기쁜 소리 높여서 감사드려
   창조주 하나님 내– 주–님–되시니 주 앞에 나도 엎드–려 경–배하네

아멘

9.3.1. 말씀 전하기

❖ 9.3.1.1. 아직 하나님을 모르는 사람들에게 왜, 어떻게 하나님을 찬송하고 하나님께 예배해야 하는지 짤막하게 권하는 말을 해 봅시다.

❁ 9.3.1.2. 앞 9.3.1.1.에서 이야기 나눈 것을 한두 사람이 전체 앞에서 발표합니다.

9.3.2. 말씀대로 살기

❖ 9.3.2.1. 우리가 홀로 하나님께 찬송하고 예배하는 것을 넘어서서 하나님 백성이라는 공동체에 속한 사람들로서 온 누리가 함께 하나님께 찬송하고 예배하면서 살 수 있게 설득하고 이끌 수 있는 구체적인 방법을 두고 이야기 나누어 봅시다.

🔔 9.3.2.2. 조모임에서 이야기 나눈 것을 조모임 기록자가 → 서식 9.3.2.2에 적어 두었다가 전체 앞에서 간단히 보고하고 함께 정리합니다.

◆ 읽어 볼 만한 글

조류 중 모성애가 가장 뜨거운 것은 펠리컨이다. 펠리컨은 새끼들에게 줄 먹이가 없으면 자신의 가슴살을 뜯어 먹인다. 병에 걸려 죽어가는 새끼에게 자신의 핏줄을 터뜨려 그 피를 입에 넣어 준다. 어미 펠리컨은 자신은 죽어가면서도 새끼를 위해 기꺼이 목숨을 바친다. 그래서 서양인들은 펠리컨을 사랑과 희생의 상징으로 여겼다.

인간의 죄를 모두 짊어지고 대신 피 흘린 펠리컨 같은 분이 있다. 그분은 바로 2천 년 전 이 땅에 오셔서 인류의 죄를 모두 책임지셨다. 그분의 이름은 예수 그리스도. 예수님은 인간의 탐

욕 교만 불신 증오 거짓을 모두 혼자 짊어지고 십자가 위에서 희생한 분이다.

12월 25일 성탄절. 사람들은 이날 크리스마스카드와 캐럴과 산타클로스와 멋진 파티를 생각한다. 그러나 정작 이날의 주인공인 "아기 예수"를 망각하고 있다. 이것이 현대인의 서글픈 자화상이다.

- 김영하, 『인생의 지도를 바꿔 주는 말』에서

9.3.3. 다짐하기

❁ 9.3.3.1. 함께 시편 100편 1-2절을 인도자가 천천히 소리 내어 읽은 뒤에 다함께 찬송 "이 말씀 따라 사는 동안"(류형선 글·가락, → 1.3.1. 악보)을 부릅니다.

❁ 9.3.3.2. 오늘 공부한 내용을 생각하면서 각자의 다짐을 한 문장의 짧은 기도문으로 → '9.3.3.2. 서식' 에 적어 넣습니다. 그런 다음에 오늘 조모임을 이끈 사람이 그 공동 기도문을 하나로 묶어 다 읽고 "예수님 이름으로 기도합니다. 아멘."이라고 하면, 다른 조의 사람들은 함께 기도찬송, "우리들의 소원을 들어주옵소서. 아멘."(채일손 글·가락, → '1.3.2. 악보')을 부름으로써 응답합니다.

✎9.4. 개인별 과제

아래 과제에 대한 답을 A4 한 쪽 분량으로 인터넷 클럽 ……자료실에 ……까지 올립니다.

(1) 시편 100편 공부에서 깨달은 가르침을 한 주간 동안 묵상하고 실천하는 과정에서 느끼게 된 문제점이나 경험을 짤막하게 적어 봅시다.

(2) 시편 101-106편을 읽고 그 줄거리를 간추려 적어 봅시다.

(3) 시편 107편을 여러 번 읽고 거기서 새롭게 느낀 점이나 발견한 점을 짧게 적어 봅시다.

(4) 아래 두 도표의 빈 칸을 채우면서 시편 107편의 흐름과 짜임새를 알아봅시다.

① 시편 107편은 네 부분으로 나눌 수 있습니다. 아래 각 부분에 제목을 붙여 봅시다.

절수	제목
1-3	감사 권유
4-32	
33-42	
43	

② 4-32절은 다시 네 부분으로 나누어집니다. 각 부분의 구성 요소에 해당하는 절수를 적어 봅시다.

절수	고난 상황	호소	구원	찬송 권유	찬송할 까닭
4-9	4-5전	6전			
10-16					
17-22			19후-20		해당 구절 없음
23-32				31-32	해당 구절 없음

(5) 시편 107편에 자주 나오거나 중요하게 쓰인 낱말이나 표현을 찾아봅시다. 위에서 찾아본 자주 나오거나 중요하게 쓰인 낱말 가운데 가장 중요하게 쓰인 낱말을 하나만 찾아봅시다. 첫머리와 맨 끝뿐만 아니라 가운데 부분에서도 늘 등장해서 시편 107편에서 핵심 내용을 드러내기 위해 쓰인 낱말이 무엇인지 찾아봅시다.

(6) 시편 107편의 흐름과 짜임새, 또 이 시편에서 중요한 낱말이나 표현을 살펴보면서 시편 107편이 무엇을 노래하고 있는지 생각해 봅시다.

10. 시편 107편 공부

10.1. 말씀을 향하여

10.1.1. 마음 열기

❁ 10.1.1.1. 찬송가, "사랑의 하늘 아버지"(1983년판 찬송가 239장, → 2.3.1.2. 악보)를 함께 부릅니다.

✐ 10.1.1.2. 묵상기도

내가 저지른 잘못 때문에, 또는 힘든 여행이나 고된 일이나 질병이나 사고로 큰 괴로움을 겪다가 하나님께 기도했는데 하나님이 도우셔서 그 어려움에서 벗어나 감사한 적이 있었는지 돌이켜보면서 1분 정도 조용히 기도합니다.

10.1.2. 돌아보기

⇔지난주 공부에서 깨달은 바를 통해 나와 우리의 삶이 어떻게 얼마나 달라졌는지 잠시 옆 사람과 이야기 나누어 봅시다.

10.1.3. 생각하기

⇔10.1.3.1. 지난주 '9.4.1. 개인별 과제' 를 하다가 가장 새롭게 깨달은 점을 두고 옆 사람과 잠시 이야기를 나누어 봅시다.

❁ 10.1.3.2. 앞 10.1.3.1.에서 나눈 이야기를 한두 사람이 전체 앞에서 짤막하게 보고합니다.

10.2. 말씀 속으로

10.2.1. 말씀 읽기

📖→ '10.2.1. 나누어 읽을 본문' 을 함께 보면서, 오늘 함께 공부할 시편 107편에서 1절-2전반절, 8, 15, 21, 31절, 43전반절은 ㈎ 인도자가, 2후반절-3절, 9, 16, 22, 32절, 43후반절은 ㈏ 회중이, 그 나머지 부분은 ㈐ 4-7절, ㈑ 10-14절, ㈒ 17-20절, ㈓ 23-30절, ㈔ 33-42절의 다섯 부분으로 나누어 읽습니다. ㈎㈐㈑㈒㈓㈔는 한 조의

여섯 사람이 앞에 나와서 한 부분씩 맡아 읽습니다.

10.2.2. 말씀 듣기

❖ 지난주 '9.4.1. 개인별 과제' 에서 (4)(5)(6)을 함께 풀어 봅니다.

10.2.2.1. 아래 두 도표의 빈 칸을 채우면서 시편 107편의 흐름과 짜임새를 알아봅시다(→ 10.2.2.1. 풀이).

① 시편 107편은 네 부분으로 나눌 수 있습니다. 아래 각 부분에 제목을 붙여 봅시다.

절수	제목
1-3	감사 권유
4-32	
33-42	
43	

② 4-32절은 다시 네 부분으로 나누어집니다. 각 부분의 구성 요소에 해당하는 절수를 적어 봅시다.

절수	고난 상황	호소	구원	찬송 권유	찬송할 까닭
4-9	4-5전	6전			
10-16					
17-22			19후-20		해당 구절 없음
23-32				31-32	해당 구절 없음

10.2.2.2. 시편 107편에 자주 나오거나 중요하게 쓰인 낱말이나 표현을 찾아봅시다. 위에서 찾아본 자주 나오거나 중요하게 쓰인 낱말 가운데 가장 중요하게 쓰인 낱말을 하나만 찾아봅시다. 첫머리와 맨 끝뿐만 아니라 가운데 부분에서도 늘 등장해서 시편 107편에서 핵심 내용을 드러내기 위해 쓰인 낱말이 무엇인지 찾아봅시다(→ 10.2.2.2. 풀이).

10.2.2.3. 시편 107편의 흐름과 짜임새, 또 이 시편에서 중요한 낱말이나 표현을 살펴보면서 시편 107편이 무엇을 노래하고 있는지 생각해 봅시다(→ 10.2.2.3. 풀이).

10.2.3. 말씀 깨닫기

❖ 10.2.3.1. 시편 107편의 가르침을 몇 가지 함께 찾아봅시다.

🔔 10.2.3.2. 조모임에서 이야기 나눈 것을 조모임 기록자가 → '10.2.3.2. 서식' 에 적어 두었다가 전체 앞에서 짧게 보고하고 함께 정리합니다.

10.3. 말씀과 함께

❁ 복음성가, "주께 감사하세"(가사는 아래에 있음)나 찬송가, "다 감사드리세"(2006년판 찬송가 66장, 가사는 아래에 있음)를 다함께 부릅니다.

"주께 감사하세"

주께 감사하세 그는 선하시며 인자하심이 영원함이라
주께 감사하세 그는 선하시며 인자하심이 영원함이라

"다 감사드리세"

1. 다 감사드리세 온 맘을 주께 바쳐
   그 섭리 놀라와 온 세상 기뻐하네
   예부터 주신 복 한없-는 그 사랑
   선물로 주시네 이제와 영원히
2. 사랑의 하나님 언제나 함께 계셔
   기쁨과 평화의 복 내려 주옵소서
   몸과 맘 병들 때 은혜-로 지키사
   이 세상 악에서 구하여 주소서
3. 감사와 찬송을 다 주께 드리어라
   저 높은 곳에서 다스리시는 주님
   영원한 하나님 다 경-배하여라
   전에도 이제도 장래도 영원히 아멘.

10.3.1. 말씀 전하기

❖ 10.3.1.1. 시편 107편 1-32절 전체나 그 중 한 부분을 본문으로 정하여 즉석에서 2분 설교를 해 봅시다.

❁ 10.3.1.2. 앞 10.3.1.1.에서 이야기 나눈 것을 한두 사람이 전체 앞에서 발표합니다.

10.3.2. 말씀대로 살기

❖ 10.3.2.1. (1) 시편 107편 4-32절에 보기로 나온 네 가지 경우와는 달리 사람에게 닥칠 수 있는 어려움에는 어떤 것이 있을지 생각해 보고 (2) 그런 어려움을 겪는 사람을 찾아가서 하나님께 감사하자고 권유할 때 무슨 말을 어떻게 해야 할 지 이야기 나누어 봅시다.

🔔 10.3.2.2. 조모임에서 이야기 나눈 것을 조모임 기록자가 → 서식 10.3.2.2에 적어 두었다가 전체 앞에서 간단히 보고하고 함께 정리합니다.

◆ 읽어 볼 만한 글

구약 성경은 하나님의 백성들에게 아주 중요한 한 가지 덕목을 요구하고 있습니다. 바로 '인애'라고 하는 것인데, 이는 자기 목숨을 걸고 끝까지 약속을 지키는 '책임지는 사랑'을 말합니다.

룻기에 기록된 내용은 사사시대에 일어난 일입니다. 사사시대 말기 때 하나님의 백성들은 신

양심을 잃고 영적으로나 도덕적으로 극히 침체된 가운데 있었습니다. 그때 하나님은 룻이라는 한 이방 여인을 하나님의 백성에게로 인도하심으로 참으로 신선한 사랑의 모습을 보여 주셨습니다.

당시 이스라엘 백성들의 사랑은 이기적이었던 것 같습니다. 그 대표적인 사람이 나오미의 가장 가까운 친척으로, 그는 룻의 기업을 무를 의무가 있었지만 포기했습니다. 반면 이방 여인 룻은 남편과 사별한 젊은 과부였지만, 시어머니 나오미를 섬기기 위하여 모압을 버리고 베들레헴까지 따라왔습니다. 이 일은 이스라엘 사람들에게 신선한 충격이었습니다.

- 김서택, 『하나님이 사랑하신 여인』 중에서 -

10.3.3. 다짐하기

❁ 10.3.3.1. 함께 시편 107편 1-3절을 인도자가 천천히 소리 내어 읽은 뒤에 다함께 찬송 "이 말씀 따라 사는 동안"(류형선 글·가락, → 1.3.1. 악보)을 부릅니다.

❁ 10.3.3.2. 오늘 공부한 내용을 생각하면서 각자의 다짐을 한 문장의 짧은 기도문으로 → '10.3.3.2. 서식' 에 적어 넣습니다. 그런 다음에 오늘 조모임을 이끈 사람이 그 공동 기도문을 하나로 묶어 다 읽고 "예수님 이름으로 기도합니다. 아멘."이라고 하면, 다른 조의 사람들은 함께 기도찬송, "우리들의 소원을 들어주옵소서. 아멘."(채일손 글·가락, → '1.3.2. 악보')을 부름으로써 응답합니다.

✐10.4.1. 개인별 과제

아래 과제에 대한 답을 A4 한 쪽 분량으로 인터넷 클럽 ……자료실에 ……까지 올립니다.

(1) 시편 107편 공부에서 깨달은 가르침을 한 주간 동안 묵상하고 실천하는 과정에서 느끼게 된 문제점이나 경험을 짤막하게 적어 봅시다.

(2) 시편 108-121편을 읽고 그 줄거리를 간추려 적어 봅시다.

(3) 시편 122편을 여러 번 읽고 거기서 새롭게 느낀 점이나 발견한 점을 짧게 적어 봅시다.

(4) 시편 122편에서 표제를 제외한 나머지를 네 부분으로 나누어 각 부분의 제목을 아래 도표의 빈칸에 적으면서 이 시편의 흐름과 짜임새를 알아봅시다.

절수	제목
1	
2	예루살렘 도착 인사
3-5	
6-8	

(5) 시편 122편에 자주 나오거나 중요하게 쓰인 낱말이나 표현을 찾아보고, 또 시편 122편의 형식에 어떤 특징이 있는지 살펴봅시다.

(6) 시편 107편의 흐름과 짜임새, 또 이 시편에서 중요한 낱말이나 표현과 형식을 특징을 살펴보면서 시편 107편이 무엇을 노래하고 있는지 생각해 봅시다.

10.4.2. 공동작업 과제

다섯 조 가운데서 한 조가 아래 과제의 결과물을 인터넷 클럽 ……에 ……까지 올리고, 다음 시간에 7-8분 동안 전체 앞에 보고해 봅시다.

시편 107편 4-32절의 내용을 다음의 순서로, 만화로 그리든지, 신문 기사나 라디오 방송 특집 보도 자료나 텔레비전 방송 특집 보도 자료로 만들어 보고해 봅시다.

만화, 신문기사, 방송 보도 자료 만들기

(1) 만화, 신문기사, 라디오 방송 특집 보도 자료, 텔레비전 방송 특집 자료 가운데 어느 것을 만들지 결정합니다.
(2) 그에 맞추어 계획을 세웁니다.
(3) 필요한 자료를 준비하고 할 일을 나누어 맡습니다.
(4) 함께 만든 결과물을 검토하여 수정 보완합니다.

11. 시편 122편 공부

11.1. 말씀을 향하여

11.1.1. 마음 열기

☸ 11.1.1.1. 찬송가, "주의 말씀 듣고자"(1967년판 개편찬송가 334장, → 1.1.1. 악보)를 함께 부릅니다.

ↀ 11.1.1.2. 묵상기도

예배에 참석하려고 예배당을 향해 집을 나설 때, 예배당에 도착했을 때, 예배할 때, 예배를 마치고 돌아올 때 내 마음이 어떠한지 돌이켜보면서 1분 정도 조용히 기도합니다.

11.1.2. 돌아보기

❁ 11.1.2.1. 지난주 '10.4.2. 공동작업 과제' 를 맡은 조가 준비한 만화나 신문 기사나 라디오 방송 특집 보도 자료나 텔레비전 방송 특집 보도 자료를 보고 들은 뒤에 그 느낌을 한두 사람이 전체 앞에서 이야기 해 봅시다. 또 이 자료를 준비한 조에서 한 사람이, 함께 준비한 과정과 준비하면서 느낀 점 등을 두고 짧게 보고합니다.

⇔11.1.2.2. 지난주 공부에서 깨달은 바를 통해 나와 우리의 삶이 어떻게 얼마나 달라졌는지 잠시 옆 사람과 이야기 나누어 봅시다.

11.1.3. 생각하기

⇔11.1.3.1. 지난주 '10.4.1. 개인별 과제' 를 하다가 가장 새롭게 깨달은 점을 두고 옆 사람과 잠시 이야기를 나누어 봅시다.

❁ 11.1.3.2. 앞 11.1.3.1.에서 나눈 이야기를 한두 사람이 전체 앞에서 짧게 말해 보고합니다.

11.2. 말씀 속으로

11.2.1. 말씀 읽기

📖 한 조의 여섯 사람이 앞에 나와서 → '11.2.1. 나누어 읽을 본문' 을 함께 보면서, 오늘 함께 공부할 시편 122편을 여섯 부분으로 나누어 한 사람이 한 부분씩 맡아 읽습니다. 다른 사람들은 성경을 보지 말고 잘 들어 봅시다.

11.2.2. 말씀 듣기

❖ 지난주 '10.4.1. 개인별 과제' 에서 (4)(5)(6)을 함께 풀어 봅니다.

11.2.2.1. 시편 122편에서 표제를 제외한 나머지를 네 부분으로 나누어 각 부분의 제목을 아래 도표의 빈칸에 적으면서 이 시편의 흐름과 짜임새를 알아봅시다(→ 11.2.2.1. 풀이).

절수	제목
1	
2	예루살렘 도착 인사
3-5	
6-8	

11.2.2.2. 시편 122편에 자주 나오거나 중요하게 쓰인 낱말이나 표현을 찾아보고, 또 시편 122편의 형식에 어떤 특징이 있는지 살펴봅시다(→ 11.2.2.2. 풀이).

11.2.2.3. 시편 122편의 흐름과 짜임새, 또 이 시편에서 중요한 낱말이나 표현과 형식을 특징을 살펴보면서 시편 122편이 무엇을 노래하고 있는지 생각해 봅시다(→ 11.2.2.3. 풀이).

11.2.3. 말씀 깨닫기

❖ 11.2.3.1. 시편 122편의 가르침을 몇 가지 함께 찾아봅시다.

🔔 11.2.3.2. 조모임에서 이야기 나눈 것을 조모임 기록자가 → '11.2.3.2. 서식' 에 적어 두었다가 전체 앞에서 짧게 보고하고 함께 정리합니다.

11.3. 말씀과 함께

❁ 찬송가, "내 주의 나라와"(2006년 새 찬송가 208장, 가사는 아래에 있음)나 찬송가, "주 믿는 형제들"(2006년 새 찬송가 221장, 가사는 아래에 있음)을 다함께 부릅니다.

"내 주의 나라와"

1. 내 주의 나라-와 주- 계신- 성전과
   피 흘려 사신 교회를 늘 사랑-합니다
2. 내 주의 교회-는 천-성과- 같아서
   눈동자 같이 아끼사 늘 보호-하시네
3. 이 교회 위하-여 눈-물과- 기도로
   내 생명 다하기까지 늘 봉사-합니다
4. 성도의 교제-와 교-회의- 위로와
   구주와 맺은 언약을 늘 기뻐-합니다
5. 하늘의 영광-과 베-푸신- 은혜가
   진리와 함께 영원히 시온에- 넘치네 아멘

"주 믿는 형제들"

1. 주 믿-는 형-제들 사랑-의 사-귐은
   천국-의 교-제 같-으니- 참 좋-은 친-교라
2. 하나-님 보-좌 앞 다 기-도 드-리니
   우리-의 믿-음 소-망이- 주 안-에 하-나라
3. 피차-에 슬-픔과 수고-를 나-누고
   늘 동-고 동-락하-면서- 참 사-랑 나-누네
4. 또 이-별할-때에 맘 비-록 슬-퍼도
   주 안-에 교-제하-면서- 또 다-시 만-나리

10.3.1. 말씀 전하기

❖ 11.3.1.1. 예수를 처음 믿는 사람이나 아직 예수를 믿지 않는 사람에게 예배당을 중심으로 하나님께 예배하며 하나님의 백성과 교제하는 기쁨을 어떻게 말할 것인지 이야기 나누어 봅시다.

❁ 11.3.1.2. 앞 11.3.1.1.에서 이야기 나눈 것을 한두 사람이 전체 앞에서 발표합니다.

11.3.2. 말씀대로 살기

❖ 11.3.2.1. 시편 122편의 가르침을 따라 나와 우리의 교회 생활, 특히 예배 생활을 어떻게 더 잘 할 수 있을지 이야기 나누어 봅시다.

🔔 11.3.2.2. 조모임에서 이야기 나눈 것을 조모임 기록자가 → 서식 11.3.2.3.에 적어 두었다가 전체 앞에서 간단히 보고하고 함께 정리합니다.

◆ 읽어 볼 만한 글

미국의 어느 한인 교회에서 있었던 일이다. 미국으로 유학을 온 형제가 있었는데 이 형제는 일류대학과 대학원을 졸업하고 미국에서 박사학위 과정을 공부하고 있었다. 이 형제의 꿈은 유학을 마친 뒤 자신이 졸업한 학교로 돌아가 후배들을 양성하는 것이었다. 실제로 유학생활을 마칠 무렵 그 학교에서 형제에게 교수 초빙 의사를 보내왔다. 그런데 이미 형제에겐 또 하나의 소중한 꿈이 싹트고 있었다. 유학을 와서 예수를 믿었고 출석하는 한인 교회에서 얼마 전에 형제는 셀 모임의 리더가 되었다. 리더가 될 때 형제는 하나님께 소중한 약속을 했다. 자신의 생명을 다해 영혼을 돌보겠다는 서약이었다. 그리고 이 서약은 형제에게 무엇보다 소중한 꿈이 되었고 삶의 목적이 되어 있었다. 물론 한국에 돌아가서도 형제는 그 꿈을 위해 살 수 있었다. 어디에나 형제가 섬겨야 할 영혼들이 있으며, 교회 또한 적지 않았으므로, 그러나 형제에겐 지금 형제가 새로운 꿈을 잉태하도록 키워 준 미국의 그 한인 교회를 통한, 어떤 특별한 부르심이 어느새 뿌리를 내리고 있었던 것이다. 고민 끝에 형제는 처음 미국에 올 때의 그 꿈을 유보하기로 했다. 아니 그때로선 포기였다. 사람들은 이런 형제를 이상한 사람 보듯 했다. 그러나 형제는 하나님 앞에서 내린 자신의 선택에 너무나 만족했다. 하나님은 그 형제의 곧은 심정을 기쁘게 받으셨고, 나중에는 더 높은 지위와 영향력 있는 일을 맡기셨다.

- 김성곤, 『풍성한 교회 이야기』 중에서 -

11.3.3. 다짐하기

❁ 11.3.3.1. 함께 시편 122편 8절을 인도자가 천천히 소리 내어 읽은 뒤에 다함께 찬송 “이 말씀 따라 사는 동안”(류형선 글·가락, → 1.3.1. 악보)을 부릅니다.

❁ 11.3.3.2. 오늘 공부한 내용을 생각하면서 각자의 다짐을 한 문장의 짧은 기도문으로 → ‘11.3.3.2. 서식’ 에 적어 넣습니다. 그런 다음에 오늘 조모임을 이끈 사람이 그 공동 기도문을 하나로 묶어 다 읽고 “예수님 이름으로 기도합니다. 아멘.”이라고 하면, 다른 조의 사람들은 함께 기도찬송, “우리들의 소원을 들어주옵소서. 아멘.”(채일손 글·가락, → ‘1.3.2. 악보’)을 부름으로써 응답합니다.

11.4. 개인별 과제

아래 과제에 대한 답을 A4 한 쪽 분량으로 인터넷 클럽 ……자료실에 ……까지 올립니다.

(1) 시편 122편 공부에서 깨달은 가르침을 한 주간 동안 묵상하고 실천하는 과정에서 느끼게 된 문제점이나 경험을 짤막하게 적어 봅시다.

(2) 이번 학기 수업에서 익힌 성경 공부하는 방법의 좋은 점과 아쉬운 점은 무엇입니까?

(3) 아래 도표의 빈 칸을 채우면서, 지금까지 함께 공부한 시편의 열 본문을 통틀어 새롭게 깨닫고 배운 것이 무엇인지를 정리 해 봅시다.

문학유형은 다음 보기에서 알맞은 것을 골라 써넣어 봅시다.

보기: 개인 탄원시, 민족 탄원시, 참회시, 의지시, 개인 감사시, 일반찬양시, 창조찬양시, 순례시, 지혜시(〈토라〉시), 복합시

과	본문	주제	문학유형	가르침
2	1편			
3	8편			
4	13편			
5	22편			
6	23편			
7	51편			
8	79편			
9	100편			
10	107편			
11	122편			

12. 전체 정리와 평가

12.1. 마음 열기

❁ 12.1.1. 찬송가, "주님의 귀한 말씀은"(1983년판 찬송가 238장, → 2.3.1.1. 악보)를 함께 부릅니다.

✎ 12.1.2. 묵상기도

하나님이 이번에 함께 한 성경공부를 통해 우리 각자와 전체에게 어떤 은혜를 베푸셨는지 돌이켜보면서 1분 정도 조용히 기도합니다.

12.2. 돌아보기

⇔ 12.2.1. 지난주 공부에서 깨달은 바를 통해 나와 우리의 삶이 어떻게 얼마나 달라졌는지 잠시 옆 사람과 이야기 나누어 봅시다.

❖ 지난주 → '11.4. 개인별 과제' 에서 (2)(3)을 함께 풀어 봅시다.

12.2.2. 이번 학기 수업에서 익힌 성경 공부하는 방법의 좋은 점과 아쉬운 점은 무엇입니까?

12.2.3. 아래 도표의 빈 칸을 채우면서, 지금까지 함께 공부한 시편의 열 본문을 통틀어 새롭게 깨닫고 배운 것이 무엇인지를 정리 해 봅시다(→ 12.2.3. 풀이).

문학유형은 다음 보기에서 알맞은 것을 골라 써넣어 봅시다.

보기: 개인 탄원시, 민족 탄원시, 참회시, 의지시, 개인 감사시, 일반찬양시, 창조찬양시, 순례시, 지혜시(〈토라〉시), 복합시

과	본문	주제	문학유형	가르침
2	1편			
3	8편			
4	13편			
5	22편			
6	23편			
7	51편			
8	79편			
9	100편			
10	107편			
11	122편			

🔔 12.2.4. 조모임에서 앞 12.2.2.와 12.2.3.을 두고 나눈 이야기를 조모임 기록자가 각각 → '12.2.4.1. 서식' 과 → '12.2.4.2. 서식' 에 적어 두었다가 전체 앞에서 짤막하게 보고하고 함께 정리합니다.

12.3. 마무리

❁ 12.3.1. 인도자가 이번에 함께 공부한 10 군데 시편 본문 가운데서 중심되는 구절들을 찾아 하나씩 읽을 때마다 다함께 찬송 "이 말씀 따라 사는 동안"(류형선 글·가락, → 1.3.1. 악보)을 부릅니다.

❁ 12.3.2. 이번 학기에 함께 공부한 것을 통틀어 생각하면서 각자의 다짐을 한 문장의 짧은 기도문으로 → '12.3. 서식' 에 적어 넣습니다. 그런 다음에 오늘 조모임을 이끈 사람이 그 공동 기도문을 하나로 묶어 다 읽고 "예수님 이름으로 기도합니다. 아멘."이라고 하면, 다른 조의 사람들은 함께 기도찬송, "우리들의 소원을 들어주옵소서. 아멘."(채일손 글·가락, → '1.3.2. 악보')을 부름으로써 응답합니다.

"주의 말씀 듣고자"

(1967년판 개편찬송가 334장)

1.2.1.1. 악보

"주님 우리의 마음을 여시어"

(2006년 새 찬송가 637장)

1.3.1. 악보

"이 말씀 따라 사는 동안"

(류형선 글·가락)

1.3.2. 악보

"우리들의 소원을 들어주옵소서"

(채일손 글·가락)

2.3.1.1. 악보

주님의 귀한 말씀은

(1983년판 찬송가 238장)

사랑의 하늘 아버지

(1983년판 찬송가 239장)

시편 1편

(가) 1 **복 있는 사람**은 악인들의 꾀를 따르지 아니하며
죄인들의 길에 서지 아니하며
오만한 자들의 자리에 앉지 아니하고
2 오직 여호와의 율법을 즐거워하여
그의 율법을 주야로 [1]묵상하는도다
3 그는 시냇가에 심은 나무가 철을 따라 열매를 맺으며
그 잎사귀가 마르지 아니함 같으니
그가 하는 모든 일이 다 형통하리로다

(나) 4 **악인들**은 그렇지 아니함이여
오직 바람에 나는 겨와 같도다
5 그러므로 악인들은 심판을 견디지 못하며
죄인들이 의인들의 모임에 들지 못하리로다

(다) 6 무릇 **의인들**의 길은 여호와께서 인정하시나
악인들의 길은 망하리로다

1) 히, 작은 소리로 읊조리다

3.2.1.2. 나누어 읽을 본문

시편 8편

(가) 조모임 인도자 (나) 조원 전체 (다) 조모임 기록자가 읽습니다.

(가) 다윗의 시, 인도자를 따라 깃딧에 맞춘 노래

(나) 1 **여호와 우리 주여**
주의 이름이 온 땅에 어찌 그리 아름다운지요
주의 영광이 하늘을 덮었나이다

(다) 2 주의 대적으로 말미암아
어린 아이들과 젖먹이들의 입으로 권능을 세우심이여
이는 원수들과 보복자들을 잠잠하게 하려 하심이니이다
3 주의 손가락으로 만드신 주의 하늘과
주께서 베풀어 두신 달과 별들을 **내가** 보오니
4 **사람**이 무엇이기에 주께서 그를 생각하시며
인자가 무엇이기에 주께서 그를 돌보시나이까
5 **그**를 [1]하나님보다 조금 못하게 하시고
영화와 존귀로 관을 씌우셨나이다

6 주의 손으로 만드신 것을 다스리게 하시고
만물을 **그**의 발 아래 두셨으니
7 곧 모든 소와 양과 들짐승이며
공중의 새와 바다의 물고기와 [2]바닷길에 다니는 것이니이다

(나) 8 **여호와 우리 주여**
주의 이름이 온 땅에 어찌 그리 아름다운지요
주의 영광이 하늘을 덮었나이다

1) 또는 천사
2) 또는 물

4.2.1. 나누어 읽을 본문

시편 13편

세 사람이 표제는 함께 읽고
본문은 ㈎ 탄식, ㈏ 기원, ㈐ 신뢰와 결심의 고백,
세 부분으로 나누어 읽습니다.

㈎㈏㈐ 다윗의 시, 인도자를 따라 깃딧에 맞춘 노래

㈎ 1 **여호와**여 어느 때까지니이까 나를 영원히 잊으시나이까
주의 얼굴을 나에게서 어느 때까지 숨기시겠나이까
2 **나**의 영혼이 번민하고 종일토록 마음에 근심하기를
어느 때까지 하오며
내 **원수**가 나를 치며 자랑하기를 어느 때까지 하리이까

㈏ 3 여호와 내 하나님이여 나를 생각하사 **응답하시고**
나의 눈을 **밝히소서**
두렵건대 내가 사망의 잠을 잘까 하오며
4 두렵건대 나의 원수가 이르기를 내가 그를 이겼다 할까 하오며
내가 흔들릴 때에 나의 대적들이 기뻐할까 하나이다

(다)　5 나는 오직 주의 사랑을 **의지하였사오니**
나의 마음은 주의 구원을 **기뻐하리이다**
6 내가 여호와를 **찬송하리**니
이는 주께서 내게 은덕을 베푸심이로다

나누어 읽을 본문

5.2.1. 나누어 읽을 본문

시편 22편

(가) 탄식, (나) **신뢰 고백**, (다) **기원과 응답**, (라) **결심 고백**,
(마) 찬송 권유, (바) **확신 고백**의 여섯 부분으로 나누어 읽습니다.

(다함께) 다윗의 시, 인도자를 따라 [1]아얠렛사할에 맞춘 노래

(가) 1 내 하나님이여 내 하나님이여 어찌 나를 버리셨나이까
어찌 나를 멀리 하여 돕지 아니하시오며
내 신음 소리를 듣지 아니하시나이까
2 내 하나님이여 내가 낮에도 부르짖고 밤에도 잠잠하지 아니하오나
응답하지 아니하시나이다

(나) 3 **이스라엘의 찬송 중에 계시는 주여 주는 거룩하시니이다**
4 **우리 조상들이 주를 의뢰하고 의뢰하였으므로 그들을 건지셨나이다**
5 **그들이 주께 부르짖어 구원을 얻고**
주께 의뢰하여 수치를 당하지 아니하였나이다

(가) 6 나는 벌레요 사람이 아니라
사람의 비방 거리요 백성의 조롱 거리니이다

---

1) 사슴이란 곡조에

7 나를 보는 자는 다 나를 비웃으며 입술을 비쭉거리고
머리를 흔들며 말하되
8 그가 여호와께 의탁하니 구원하실 걸,
그를 기뻐하시니 건지실 걸
하나이다
(나) 9 **오직 주께서 나를 모태에서 나오게 하시고**
내 어머니의 젖을 먹을 때에 의지하게 하셨나이다
10 **내가 날 때부터 주께 맡긴 바 되었고**
모태에서 나올 때부터 주는 나의 하나님이 되셨나이다
(다) 11 **나를 멀리 하지 마옵소서 환난이 가까우나 도울 자 없나이다**
(가) 12 많은 황소가 나를 에워싸며 바산의 힘센 소들이 나를 둘러쌌으며
13 내게 그 입을 벌림이 찢으며 부르짖는 사자 같으니이다
14 나는 물 같이 쏟아졌으며 내 모든 뼈는 어그러졌으며
내 마음은 밀랍 같아서 내 속에서 녹았으며
15 내 힘이 말라 질그릇 조각 같고 내 혀가 입천장에 붙었나이다
16 개들이 나를 에워쌌으며
악한 무리가 나를 둘러 내 수족을 찔렀나이다
17 내가 내 모든 뼈를 셀 수 있나이다
그들이 나를 주목하여 보고
18 내 겉옷을 나누며 속옷을 제비 뽑나이다
(다) 19 **여호와여 멀리 하지 마옵소서 나의 힘이시여 속히 나를 도우소서**
20 **내 생명을 칼에서 건지시며**
[2]내 유일한 것을 개의 세력에서 구하소서

2) 내 생명

21전 **나를 사자의 입에서 구하소서**

21후 **주께서 내게 응답하시고 들소의 뿔에서 구원하셨나이다**

(라) 22**내가 주의 이름을 형제에게 선포하고**

회중 가운데에서 주를 찬송하리이다

(마) 23여호와를 두려워하는 너희여 그를 찬송할지어다

야곱의 모든 자손이여 그에게 영광을 돌릴지어다

너희 이스라엘 모든 자손이여 그를 경외할지어다

24그는 곤고한 자의 곤고를 멸시하거나 싫어하지 아니하시며

그의 얼굴을 그에게서 숨기지 아니하시고

그가 울부짖을 때에 들으셨도다

(라) 25**큰 회중 가운데에서 나의 찬송은 주께로부터 온 것이니**

주를 경외하는 자 앞에서 나의 서원을 갚으리이다

(마) 26겸손한 자는 먹고 배부를 것이며

여호와를 찾는 자는 그를 찬송할 것이라

너희 마음은 살지어다

(바) 27**땅의 모든 끝이 여호와를 기억하고 돌아오며**

모든 나라의 모든 족속이 주의 앞에 예배하리니

28**나라는 여호와의 것이요 여호와는 모든 나라의 주재심이로다**

29**세상의 모든 풍성한 자가 먹고 경배할 것이요**

진토 속으로 내려가는 자 곧 자기 영혼을 살리지 못할 자도

다 그 앞에 절하리로다

30**후손이 그를 섬길 것이요 대대에 주를 전할 것이며**

31**와서 그의 공의를 태어날 백성에게 전함이여**

주께서 이를 행하셨다 할 것이로다

시편 23편

(가) 하나님 또는 하나님께 속하는 것이 주어인 문장,
(나) '내' 또는 '나'에게 속하는 것이 주어인 문장의
두 부분으로 나누어 읽습니다.

(가) + (나) 다윗의 시

(가) 1전 **여호와는 나의 목자시니**
(나) 1후 내게 부족함이 없으리로다

(가) 2 **그가 나를 푸른 풀밭에 누이시며**
쉴 만한 물 가로 인도하시는도다
3 **내 영혼을 소생시키시고**
자기 이름을 위하여 의의 길로 인도하시는도다

(나) 4전 내가 사망의 음침한 골짜기로 다닐지라도
해를 두려워하지 않을 것은
(가) **주께서 나와 함께 하심이라**

4후 **주의 지팡이와 막대기가 나를 안위하시나이다**

5 **주께서 내 원수의 목전에서 내게 상을 차려 주시고**

기름을 내 머리에 부으셨으니

(나) 내 잔이 넘치나이다

(가) 6전 **내 평생에 선하심과 인자하심이 반드시 나를 따르리니**

(나) 6후 내가 여호와의 집에 영원히 살리로다

시편 51편

㈎㈏ 표제, ㈐ 기원, ㈑ 죄 고백, ㈒ 결심 고백, ㈓ 확신 고백의
다섯 부분으로 나누어 읽습니다.

㈎㈏ 다윗의 시, 인도자를 따라 부르는 노래,
다윗이 밧세바와 동침한 후 선지자 나단이 그에게 왔을 때

㈐
1 **하나님이여 주의 인자를 따라 내게 은혜를 베푸시며**
주의 많은 긍휼을 따라 내 죄악을 지워주소서
2 **나의 죄악을 말갛게 씻으시며**
나의 죄를 깨끗이 제하소서

㈑
3 무릇 나는 내 죄과를 아오니 내 죄가 항상 내 앞에 있나이다.
4 내가 주께만 범죄하여 주의 목전에 악을 행하였사오니
주께서 말씀하실 때에 의로우시다 하고
주께서 심판하실 때에 순전하시다 하리이다
5 내가 죄악 중에서 출생하였음이여
어머니가 죄 중에서 나를 잉태하였나이다
6 보소서 주께서는 중심이 진실함을 원하시오니

[1]내게 지혜를 은밀히 가르치시리이다

(다) 7 **우슬초로 나를 정결하게 하소서 내가 정하리이다**
나의 죄를 씻어 주소서 내가 눈보다 희리이다
8 **내게 즐겁고 기쁜 소리를 들려 주시사**
주께서 꺾으신 뼈들도 즐거워하게 하소서
9 **주의 얼굴을 내 죄에서 돌이키시고**
내 모든 죄악을 지워 주소서
10 **하나님이여 내 속에 정한 마음을 창조하시고**
내 안에 [2]정직한 영을 새롭게 하소서
11 **나를 주 앞에서 쫓아내지 마시며**
주의 성령을 내게서 거두지 마소서
12 **주의 구원의 즐거움을 내게 회복시켜 주시고**
자원하는 심령을 주사 나를 붙드소서

(마) 13 그리하면 내가 범죄자에게 주의 도를 가르치리니
죄인들이 주께 돌아오리이다

(다) 14 **하나님이여 나의 구원의 하나님이여**
피 흘린 죄에서 나를 건지소서
(마) 내 혀가 주의 의를 높이 노래하리이다

(다) 15 **주여 내 입술을 열어 주소서**

---

1) 내 은밀한 곳에
2) 견고한

(마) 내 입이 주를 찬송하여 전파하리이다

(바) 16 주께서는 제사를 기뻐하지 아니하시나니
그렇지 아니하면 내가 드렸을 것이라
주는 번제를 기뻐하지 아니하시나이다
17 하나님께서 구하시는 제사는 상한 심령이라
하나님이여 상하고 통회하는 마음을
주께서 멸시하지 아니하시리이다

(다) 18 **주의 은택으로 시온에 선을 행하시고 예루살렘 성을 쌓으소서**
(바) 19 그 때에 주께서 의로운 제사와 번제와 온전한 번제를 기뻐하시리니
그 때에 그들이 수소를 주의 제단에 드리리이다

8.2.1. 나누어 읽을 본문

시편 79편

(가) 탄식, (나) 기원, (다) 확신과 결심의 고백, 세 부분으로 나누어 읽습니다.

(가)(나)(다) 아삽의 시

(가) 1 **하나님이여 이방 나라들**이 주의 기업의 땅에 들어와서
주의 성전을 더럽히고
예루살렘이 돌무더기가 되게 하였나이다
2 그들이 주의 종들의 시체를 공중의 새에게 밥으로,
주의 성도들의 육체를 땅의 짐승에게 주며
3 그들의 피를 예루살렘 사방에 물 같이 흘렸으나
그들을 매장하는 자가 없었나이다
4 **우리**는 **우리** 이웃에게 비방 거리가 되며
우리를 에워싼 자에게 조소와 조롱거리가 되었나이다
5 **여호와**여 어느 때까지니이까 영원히 노하시리이까
주의 질투가 불붙듯 하시리이까

(나) 6 **주를 알지 아니하는 민족들**과

주의 이름을 부르지 아니하는 나라들에게

주의 노를 쏟으소서

7 그들이 야곱을 삼키고 그의 거처를 황폐하게 함이니이다

8 **우리** [1]조상들의 죄를 기억하지 마시고

주의 긍휼로 **우리를** 속히 영접하소서

우리가 매우 가련하게 되었나이다

9 **우리 구원의 하나님이여** 주의 이름의 영광스러운 행사를 위하여

우리를 도우시며

주의 이름을 증거하기 위하여 **우리** 죄를 사하소서

10 이방 나라들이 어찌하여 그들의 하나님이 어디 있느냐 말하나이까

주의 종들이 피 흘림에 대한 복수를 우리의 목전에서

이방 나라에게 보여 주소서

11 **갇힌 자**의 탄식을 주의 앞에 이르게 하시며

죽이기로 정해진 자도 주의 크신 능력을 따라 보존하소서

12 **주여 우리 이웃**이 주를 비방한 그 비방을

그들의 품에 칠 배나 갚으소서

(다) 13 **우리**는 주의 백성이요 주의 목장의 양이니

우리는 영원히 주께 감사하며

주의 영예를 대대에 전하리이다

나누어 읽을 본문

1) 히, 시조들

9.2.1.1. 나누어 읽을 본문

시편 100편

(가) **인도자**와 (나) **회중**이 (다) **함께** 또는 번갈아 가며 읽습니다.

(다) **감사의 시**

1 온 땅이여 여호와께 즐거운 찬송을 부를지어다

(가) 2 기쁨으로 여호와를 섬기며

(나) **노래하면서 그의 앞에 나아갈지어다**

(다) **3 여호와가 우리 하나님이신 줄 너희는 알지어다**

(가) 그는 우리를 지으신 이요

(나) **우리는 그의 것이니**

(다) **그의 백성이요 그의 기르시는 양이로다**

(가) 4 감사함으로 그의 문에 들어가며

(나) **찬송함으로 그의 궁정에 들어가서**

(다) **그에게 감사하며 그의 이름을 송축할지어다**

5 **여호와는 선하시니**

(가) 그의 인자하심이 영원하고

(나) **그의 성실하심이 대대에 이르리로다**

9.2.1.2. 나누어 읽을 본문

시편 100편

두 사람이 (가) 명령 부분과 (나) 서술 부분으로 나누어 읽습니다.

(가)(나) **감사의 시**

(가) 1 온 땅이여 여호와께 즐거운 찬송을 **부를지어다**
2 기쁨으로 여호와를 **섬기며**
노래하면서 그의 앞에 **나아갈지어다**
3 여호와가 우리 하나님이신 줄 너희는 **알지어다**

(나) **그는** 우리를 지으신 **이요**
우리는 그의 것**이니**
그의 백성이요 그의 기르시는 양**이로다**

(가) 4 감사함으로 그의 문에 **들어가며**
찬송함으로 그의 궁정에 **들어가서**
그에게 **감사하며** 그의 이름을 **송축할지어다**

(나) 5 **여호와는** 선하**시니**

그의 인자하심이 영원**하고**

그의 성실하심이 대대에 **이르리로다**

10.2.1. 나누어 읽을 본문

시편 107편

(가) **인도자(1-2전, 8, 15, 21, 31, 43전)**와
(나) **회중(2후-3, 9, 16, 22, 32, 43후)**이 읽을 부분을 빼 나머지는
(다) 4-7절, (라) 10-14절, (마) 17-20절, (바) 23-30절, (사) 33-42절의 다섯 부분으로
나누어 읽습니다. (가)(다)(라)(마)(바)(사)는 한 조의 여섯 사람이 한 부분씩 맡습니다.

(가) 1 **여호와께 감사하라 그는 선하시며 그 인자하심이 영원함이로다**
2 **여호와의 속량을 받은 자들은 이같이 말할지어다**
(나) **여호와께서 대적의 손에서 그들을 속량하사**
3 **동서 [1] 남북 각 지방에서부터 모으셨도다**

(다) 4 그들이 광야 사막 길에서 방황하며 거주할 성읍을 찾지 못하고
5 주리고 목이 말라 그들의 영혼이 그들 안에서 피곤하였도다
6 이에 그들이 근심 중에 여호와께 부르짖으매
그들의 고통에서 건지시고
7 또 바른 길로 인도하사 거주할 성읍에 이르게 하셨도다

1) 바다에서

(가) 8 **여호와의 인자하심과 인생에게 행하신 기적으로 말미암아**
그를 찬송할지로다
(나) 9 **그가 사모하는 영혼에게 만족을 주시며**
주린 영혼에게 좋은 것으로 채워주심이로다

(라) 10 사람이 흑암과 사망의 그늘에 앉으며 곤고와 쇠사슬에 매임은
11 하나님의 말씀을 거역하며 지존자의 뜻을 멸시함이라
12 그러므로 그가 고통을 주어 그들의 마음을 겸손하게 하셨으니
그들이 엎드러져도 돕는 자가 없었도다
13 이에 그들이 그 환난 중에 여호와께 부르짖으매
그들의 고통에서 구원하시되
14 흑암과 사망의 그늘에서 인도하여 내시고
그들의 얽어 맨 줄을 끊으셨도다
(가) 15 **여호와의 인자하심과 인생에게 행하신 기적으로 말미암아**
그를 찬송할지로다
(나) 16 **그가 놋문을 깨뜨리시며 쇠빗장을 꺾으셨음이로다**

(마) 17 미련한 자들은 그들의 죄악의 길을 따르고
그들의 악을 범하기 때문에 고난을 받아
18 그들은 그들의 모든 음식물을 싫어하게 되어
사망의 문에 이르렀도다
19 이에 그들이 그들의 고통 때문에 여호와께 부르짖으매
그가 그들의 고통에서 그들을 구원하시되
20 그가 그의 말씀을 보내어 그들을 고치시고
위험한 지경에서 건지시는도다

(가) 21 **여호와의 인자하심과 인생에게 행하신 기적으로 말미암아**
그를 찬송할지로다

(나) 22 **감사제를 드리며 노래하여 그가 행하신 일을 선포할지로다**

(바) 23 배들을 바다에 띄우며 큰 물에서 일을 하는 자는
24 여호와께서 행하신 일들과 그의 기이한 일들을
깊은 바다에서 보나니
25 여호와께서 명령하신즉 광풍이 일어나 바다 물결을 일으키는도다
26 그들이 하늘로 솟구쳤다가 깊은 곳으로 내려가나니
그 위험 때문에 그들의 영혼이 녹는도다
27 그들이 이리저리 구르며 취한 자 같이 비틀거리니
그들의 모든 지각이 혼돈 속에 빠지는도다
28 이에 그들이 그들의 고통 때문에 여호와께 부르짖으매
그가 그들의 고통에서 그들을 인도하여 내시고
29 광풍을 고요하게 하사 물결도 잔잔하게 하시는도다
30 그들이 평온함으로 말미암아 기뻐하는 중에
여호와께서 그들이 바라는 항구로 인도하시는도다

(가) 31 **여호와의 인자하심과 인생에게 행하신 기적으로 말미암아**
그를 찬송할지로다

(나) 32 **백성의 모임에서 그를 높이며 장로들의 자리에서**
그를 찬송할지로다

(사) 33 여호와께서는 강이 변하여 광야가 되게 하시며
샘이 변하여 마른 땅이 되게 하시며
34 그 주민의 악으로 말미암아 옥토가 변하여 염전이 되게 하시며

35 또 광야가 변하여 못이 되게 하시며
마른 땅이 변하여 샘물이 되게 하시고
36 주린 자들로 말미암아 거기에 살게 하사
그들이 거주할 성읍을 준비하게 하시고
37 밭에 파종하며 포도원을 재배하여 풍성한 소출을 거두게 하시며
38 또 복을 주사 그들이 크게 번성하게 하시고
그의 가축이 감소하지 아니하게 하실지라도
39 다시 압박과 재난과 우환을 통하여
그들의 수를 줄이시며 낮추시는도다
40 여호와께서 고관들에게는 능욕을 쏟아 부으시고
길 없는 황야에게 유리하게 하시나
41 궁핍한 자는 그의 고통으로부터 건져 주시고
그의 가족을 양 떼 같이 지켜 주시나니
42 정직한 자는 보고 기뻐하며
모든 사악한 자는 자기 입을 봉하리로다

(가) 43 **지혜 있는 자들은 이러한 일들을 지켜보고**
(나) **여호와의 인자하심을 깨달으리로다**

11.2.1. 나누어 읽을 본문

시편 122편

여섯 사람이 (가)(나)(다)(라)(마)(바)의 한 부분씩 맡아 읽습니다.

(가) 다윗의 시 곧 성전에 올라가는 노래

(나) 1 **사람이 내게 말하기를**
(다) **여호와의 집에 올라가자**
(나) **할 때에 내가 기뻐하였도다**

(라) 2 **예루살렘아** 우리 발이 **네** 성문 안에 섰도다

(마) 3 **예루살렘아 너**는 잘 짜여진 성읍과 같이 건설되었도다
4 지파들 곧 여호와의 지파들이 여호와의 이름에 감사하려고
이스라엘의 전례대로 그리로 올라가는도다
5 거기에 심판의 보좌를 두셨으니 곧 다윗의 집의 보좌로다

(바) 6 **예루살렘**을 위하여 평안을 구하라
예루살렘을 사랑하는 자는 형통하리로다

7 **네** 성 안에는 평안이 있고
네 궁중에는 형통함이 있을지어다
8 내가 내 형제와 친구를 위하여 이제 말하리니
네 가운데에 평안이 있을지어다
9 여호와 우리 하나님의 집을 위하여
내가 **너**를 위하여 복을 구하리로다

과목 소개

(1) 구약성경공부 과목 개설 과정과 목적

장로회신학대학교 신학대학원 교육과정개발위원회에서는 신학대학원을 졸업한 사람들이 교역 현장에서 성경공부를 잘 이끌 수 있도록 훈련하기 위해 2008학년도부터 학기마다 신약학 분야와 구약학 분야에 각각 한 과목씩 성경공부 과목을 개설하기로 했습니다.

구약학의 경우에는 아래 도표와 같이 여섯 학기 3년을 한 주기로 하여, 구약성경 39권을 다 다루려면 12년이 걸리도록 계획했습니다.

구분	해당부분	주기별 배정			
		제1주기	제2주기	제3주기	제4주기
구약성경공부 1	율법서	창세기	출애굽기	레위기·민수기	신명기
구약성경공부 2	전기예언서	여호수아·사사기	사무엘상하	열왕기상	열왕기하
구약성경공부 3	예언서 1	이사야	예레미야	에스겔	다니엘
구약성경공부 4	성문서 1	시편	욥기	잠언	전도서·아가
구약성경공부 5	예언서 2	호세아 요엘 아모스	오바댜 요나 미가	나훔 하박국 스바냐	학개 스가랴 말라기

구약성경공부 6	성문서 2	역대상	역대하	에스라 느헤미야	룻기 에스더 예레미야애가

(2) 구약성경공부교재개발단의 구성과 운영

첫 12년 동안에는 구약학전임교수 한 사람과 현장목회자로서 이 일을 위해 특별히 초빙된 객원교수 한 사람 이상을 포함한 세 사람으로 이루어진 구약성경공부교재개발단이 1년에 걸쳐 한 주기의 한 공부교재를 개발하는데, 전반기에 마련한 초안으로써 후반기에 실험수업을 하면서 그 초안을 수정보완하기로 했습니다.

한두 사람이 너무 오래 교재 개발에 매달리지 않도록 1년을 주기로 개발위원을 바꾸어 운영합니다. 이를테면 2007년 3월부터 시작한 첫 개발단(제1기 개발단)은 2008년 1학기에 쓸 교재의 초고를 2007년 1학기에 만들어 2학기에 그 초고를 다듬기만 하고, 2008년 2학기에 쓸 교재의 초고는 다른 개발단(제2기개발단)이 2007년 2학기에 만들어 2008년 1학기에 그 초고를 다듬습니다. 이런 식으로 학기마다 두 개발단이 동시에 연구하는 방식으로 할 수 있습니다. 제1-4기 개발단의 과제와 개발일정을 표로 그려보면 다음과 같습니다.

	과제	초고 작성	수정보완
제1기 개발단	2008년 1학기 교재개발	2007년 1학기	2007년 2학기
제2기 개발단	2008년 2학기 교재개발	2007년 2학기	2008년 1학기
제3기 개발단	2009년 1학기 교재개발	2008년 1학기	2008년 2학기
제4기 개발단	2009년 2학기 교재개발	2008년 2학기	2009년 1학기

다만 교재 개발의 통일성과 연속성을 고려하여 전기 개발단의 구약학 전임교수와 목회자 가운데서 초빙한 객원교수 한 사람은 바로 그 다음 개발단의 자문위원이 됩니다.

⑶ 성경공부 원칙

이번 성경공부에서는 다음 **일곱 가지의 원칙**을 중시합니다.

첫째는 **본문 우선**의 원칙입니다. 교재는 본문이 스스로 말하게 하는 수단일 뿐, 교재가 본문을 가리지 말아야 합니다. 성경공부에서는 무엇보다도 하나님이 본문을 통해 하시는 말씀에 인도자도 학습자들도 함께 귀를 기울입니다.

둘째는 **학습자 중심**의 원칙입니다. 이 성경공부에서는 인도자가 일방적으로 본문 내용을 해설하기보다는 학습자들이 저마다 스스로 본문과 씨름하면서 본문을 이해하는 데 힘씁니다. 성경공부는 그 전 과정을 통해서 먼저 학습자들이 어떤 문제를 두고 스스로 본문을 살펴보고 서로 이야기를 나눈 뒤에 인도자가 그 이야기를 정리하고 마무리하면서 그 부분에 해당하는 교재를 나누어 주고 그 내용을 간략하게 설명해주는 식으로 진행함을 원칙으로 삼습니다. 공부의 과정에서 인도자가 제시하는 여러 과제를 해 나가면서 학습자들이 자연스럽게 본문을 여러 번 읽고 생각하게 합니다.

셋째는 **전인성**의 원칙입니다. 이 성경공부에서는 학습자들이 성경본문을 그저 머리로만 이해하지 않고 그 존재 전체가 달라지는 것을 겨냥합니다.

넷째는 **공동체성**의 원칙입니다. 본문은 신앙 공동체의 증언인 만큼 신앙 공동체에 속한 이 성경공부에서는 모든 학습자들이 함께 힘을 모아 본문을 이해하게 하고 성경공부가 개인뿐만 아니라 신앙 공동체의 발전에도 이바지할 수 있게 하려고 합니다.

다섯째는 **다양성**의 원칙입니다. 이 성경공부에서는 성경 본문의 다양한 유형에 맞추어 다양한 방법을 적용합니다.

여섯째는 **연구방법 습득**의 원칙입니다. 성경공부의 전 과정을 통하여 학습자들이 스스로 성경을 공부할 수 있을 뿐만 아니라 성경공부를 인도할 수 있다는 자신감을 얻게 하고 그 방법을 익힐 수 있게 합니다.

일곱째는 **대중성**의 원칙입니다. 이 성경공부에서는 보통 수준의 신학대학원 학생들이라면 누구나 큰 어려움이 없이 함께 할 수 있는 수준으로 공부하려고 합니다.

(4) 성경공부 지침

이런 원칙에 따라 실제로는 다음 **일곱 가지 지침**을 따라 성경을 공부합니다.

첫째, 이 성경공부는 한글 번역본에 나타난 **최종본문**에서 중심합니다. 본문이 어떻게 생겨났는가 하는 문제는 본문 이해에 꼭 필요할 경우에만 간략하고도 쉽게 다룹니다.

둘째, 이 성경공부의 기초 본문은 **개역개정판**입니다.

셋째, 이 성경공부에 참여하는 **사람의 수는 30명**으로 제한합니다. 이 30명도 필요에 따라서는 5-6명씩 여러 조(組)로 나눌 수 있습니다.

넷째, 한 성경공부는 **12주**에 걸쳐 합니다. 첫 주에는 전체 공부를 안내하고, 마지막 주에는 전체를 정리하고 평가합니다.

다섯째, 성경공부 **교재의 틀**은 본문의 문학적이거나 신학적인 성격에 따라 조금씩 달라질 수 있습니다.

여섯째, 성경공부에서는 **인도자와 학습자들의 창의성**을 활용할 여지를 남겨 둡니다. 교재의 절대성을 주장하지 않습니다.

일곱째, 본문의 가르침이 지성과 감성과 의지뿐만 아니라 관계성 형성 등을 포함하여 학습자의 삶 전체에 영향을 끼치도록 시대의 흐름에 맞게 **다양한 자료**를 알맞게 활용합니다.

⑸ 매 주 공부와 교재의 틀

매 주 진행되는 수업과 그 때 쓰는 교재의 틀은 다음과 같습니다.

매 주 수업은 '말씀을 향하여' (30분), '말씀 속으로' (60분), '말씀과 함께' (45분)의 세 부분으로 나누어 진행하고, 교재도 이 틀에 맞추었습니다.

첫 부분인 **'말씀을 향하여'** 는 다시 ① 마음 열기(찬양과 기도), ② 돌아보기(지난 수업에서 다룬 본문의 가르침을 한 주간 동안 묵상하고 실천하는 과정에서 느끼는 문제점이나 경험, 또는 지난 수업에서 다룬 본문과 다음 수업에서 다룰 본문 사이에 들어 있는 본문의 줄거리 중심으로 이야기 나누기), ③ 생각하기(이번 시간에 공부할 본문을 여러 번 읽고 새롭게 느낀 점이나 발견한 점을 A4 1쪽 이내의 분량으로 인터넷 클럽에 올리는 과제나 오늘 본문과 관련하여 서론적인 이야기 나누기)로 나누어 진행합니다.

둘째 부분인 **'말씀 속으로'** 는 다시 ① 말씀 읽기(소리 내어 읽기, 나누어 읽기 등 여러 가지 방식으로) ② 말씀 듣기(본문의 흐름, 줄거리, 중심 낱말이나 개념 이해하기) ③ 말씀 깨닫기(본문의 뜻 이해)로 나누어 진행합니다. 정해진 짧은 시간 안에 본문을 효율적으로 공부하기 위해서 앞서 첫째 부분의 ③ 생각하기와 둘째 부분의 ② 말씀 듣기를 거쳐 ③ 말씀 깨닫기에 이르면서 본문에 들어 있는 여러 가지 귀한 뜻 가운데서 함께 공부할 가르침의 범위를 점점 좁혀 마침내 한두 가지로 초점을 모읍니다.

셋째 부분인 **'말씀과 함께'** 는 다시 ① 말씀 전하기(짧은 설교문, 기도문, 연극, 여러 미디어 자료 만들어 보기) ② 말씀대로 살기(실천 방안 이야기하기) ③ 다짐하기(찬송과 기도)로 나누어 진행합니다.

이처럼 크게는 세 부분, 작게는 아홉 부분으로 이루어진 성경공부와 성경공부교재의 틀의 특징 가운데 다음 두 가지는 다시 한 번 강조하고 싶습니다.

한 가지는 이 성경공부에서는 무엇보다도 공부할 성경 본문을 소리 내어 정성스레 읽고 듣는 것을 중요하게 여긴다는 점입니다(느 8:3, 8; 시 1:2; 렘 36:6, 10, 13, 15, 21; 계 1:3 등 참고).

참고자료

다른 한 가지는 셋째 부분의 말씀 전하기에서는 다양한 시도를 한다는 점입니다. 함께 공부한 말씀의 내용과 가르침을 노래, 관련 인물 인터뷰, 광고물, 연극, 만화(코믹스), 신문 기사, 라디오 방송 보도자료, 텔레비전 보도자료 등 다양한 방법으로 표현하는 과제를 제시합니다.

시간마다 **다음 주 수업을 위한 과제**로는 ① 이번 수업에서 다룬 본문의 가르침을 한 주간 동안 묵상하고 실천하는 과정에서 느끼는 문제점이나 경험, ② 이번 수업에서 다룬 본문과 다음 수업에서 다룰 본문 사이에 들어 있는 본문의 줄거리, ③ 다음 시간에 공부할 본문을 여러 번 읽고 새롭게 느낀 점이나 발견한 점을 A4 1쪽 이내의 분량으로 …… 까지 인터넷 클럽 …… 과제자료실에 올리는 과제를 줄 수 있습니다.

시편 교재에서는 둘째 부분과 셋째 부분은 각각 주로 이하준과 박봉수가, 첫째 부분과 과제 부분은 주로 박동현이 집필했습니다. 그렇지만 세 사람이 준비한 것은 하나의 보조 자료일 따름입니다. **이 교재는 실제로 성경공부에 참여 하는 사람들이 함께 만들어 가는 교재입니다. 그런 만큼 참여자들 쪽에서 좋은 제안이 많이 나올 수 있기를 기대합니다.**

여러 지방 사투리로 바꾸어 읊어 본 시편 23편

http://cafeblog.search.naver.com/search.naver?where=post&sm=tab_nmr&query=%BD%C3%C6%ED23%C6%ED%20%BB%E7%C5%F5%B8%AE에서 강원도, 충청도, 전라도, 경상도, 평안도, 함경도 사투리로 바꾸어 읊어 본 시편 23편을 아래에 뽑아 정리해 보았습니다.

1. 강원도 사투리로 바꾸어 읊어 본 시편 23편

여보서요. 여호와는요 우리 목자래요. 내가 부족한 기 한 개도 음잖소.
이지가지 마카 주이까내 부족한 머이 있겠소. 달부 어여워요.
그부이요 나르 버덩에 눕히지를 않나.
거랑가로 데리고 댕기미 이지가지 주지를 않나 낭구장창 데리고 댕게요.
내 영혼을 소생시키이까네 내가 다시 살았잖수.
의의 길로 데리고 댕니까네 아재야, 나는 아주 편안하다이.
사망의 시커먼 벅앙지 같은 어낭으로 뻥창으로 신질로 때 댕게도
나는 겁시 안난다니.
왜나 하므느 그부이 내하고 같이 댕기고
내가 잘못 가므느 짝대기를 가주구 막 쌔레대니까네.

2. 충청도 사투리로 바꾸어 읊어 본 시편 23편

여호와는 염생이 같은 지를 키우시고 멕이시는 분이시니
지가 부족한 것이 없네유~
그분이 지를 무지무지 파란 풀밭에 어프러지게 하시며
니나노하기 딱좋은 둠벙 가생이로 인도하여 주셔유~
지 영혼을 살려 주시구유,
그분의 함짜를 위하여 의의 질루 인도 허시는 것이지유.
지가 죽어 나자빠질지도 모를 깡깜허고 칙칙한 골짜구니로 댕겨두
해꼬지를 무서 않는 것은
주님께서 지와 같이 허시기 때문이지유~
하마 주님의 지팽이와 막대기가 지를 지켜 주시네유.
주님께서 지 웬수의 면전에서 상다리가 부러질 정도로 잔치를 여시구
지름으로 지 머리에 발라 주시니 지가 몸 둘 바를 모르 것네유~
시방두 잔이 넘치네유.
지 평생 동안 선하심과 인자하심이 참말루 지를 따라 댕길 모냥이니
지가 여호와의 집에 아예 푹 눌러 살 것시유.

3. 전라도 사투리로 바꾸어 읊어 본 시편 23편

아따! 여호와가 시방 나의 목자신디 내가 부족함이 있건냐?
그 분이 나를 저 푸러부른 초장으로 뉘어불고
내 삐친 다리 쪼매 쉬어 불게 할라고 물가시로 인도해 뿌네(어째스까! 징~한거…)
내 영혼을 겁나게 끌어 땡겨불고

그분의 이름을 위할라고 올바러븐 길가스로 인도해 부네(아따 조은그~~~)
나가 산꼬랑가 끔찍한 곳에 있어도 겁나불지 않은 것은
주의 몽뎅이랑 짝대기가 쪼매만한 일에도 나를 지켜 준다 이거여!
아따! 주께서 저 싸가지 없는 놈들 앞에서 내게 밥상을 챙겨 주시고
내 대그빡에 지름칠해 주싱께로 참말로 나가 기뻐 불그마이…
내가 사는 동안 그 분의 착하심과 넓이브른 맴씨가 나를 징하게 따라당깅께-로
나가 어찌 그분으 댁에서 묵고 자고 안하겄냐…(아따 조은그~~~)
아--------멘!

4. 경상도 사투리로 바꾸어 읊어 본 시편 23편

여호와는 나의 목자시니 내사 답답할끼 없데이.
시--퍼런 풀구디이로 낼 디미시고 쉴 만한 또랑가로 끄잡아 댕긴데이.
내 정신 챙기사 올께 살아라 카심은 다 지 체면 때문이라 카네.
내 죽을 뻔한 꼴짜구디 껌껌한 데서도 간띠이가 부-가 댕길 수 있슴은
그 빽이 참말로 여간 아닌기라.
주의 몽디이-와 짝대기가 낼로 지키시고
내 라이벌인 죽일 놈 문디이 자슥 앞에서 낼로 팔팔 키워 주시니
내 인생이 아무리 복잡다 케싸도 저 양반이 천날 만날 지줄끼니까
내사 우짜든가 그 옆에 딱 붙어각꼬 죽어도 안 떠날끼다.

참고자료

5. 평안도 사투리로 바꾸어 읊어 본 시편 23편

아, 여호와가 내 목잔데 뭐~이가 부족하간~?
거저~ 시~퍼런 풀밭에 쉬라딜 않나,
목마르문 거저 물가로 데리가딜 않나. 야, 뭐~이가 부족하간?
내 이 영혼 소생시켜 주시디, 거저 똑바루 살라 하시디,
긴데 건 자기 이름 땜에 기러시는 거래두만.
음침한 골짜기 가 봔?
넷날엔 거이 무서워 뜨랜는데, 거 이젠 하나두 안 무서워 야.
거 주님이 거저 지팡이랑 막대기! 거이루 지켜 주디 않니~?
거저 나 안~심이야 야!
보라우 거 아구 악~척같은 웬수놈들 있디?
아 그놈들 보란 듯이 거~저~~ 아,
우리 주님이 내 앞에다 거저 잔치상을 떡! 하니 벌려 주디 않앗간?
거저~ 잔이 콸~콸 넘치게 따라 주시면서,
거저 귀한 손님 대접하듯 하는 거야.
야 기리니끼니 거저, 생각해 보라우.
얼~마나 이 속이 시원했간..이? 기티 않았가서?
긴데다가 야, 또 보라우. 기거이 한번만 기러는거이 아니래야.
거저 내 평생 내 편이래 야.
내래 거저 평~생 우리 여호와 하나님 집에 살기루 해서.

6. 함경도 사투리로 바꾸어 읊어 본 시편 23편

여호와는 나의 목자되시니끼니 내레 부족한 거이 조금도 없시오, 기럼.
여호와 아바이께서리 나를 시푸르둥둥한 남새밭에 자빠뜨리시고서리
얼음 보숭이 같은 시원한 냉수가 있는 곳으로 인도하시니 내레 전혀 일 없시오.
나의 영혼을 살려 주시고서리 똑바른 길로 인도하시디요.
내레 주검의 음산한 바람이 부는 골짜기를 다닐지라도
어떤 에미나이레 와서리 해꼬지할 거이레 전혀 겁나지 않디요.
아바이께서 나와 함께 하시고서리 그 손에 들고 있는 지팡이와 작대기로
에미나이레 확 쳐부수고서 말이우다 나를 지켜 주시지 않갔음메?
아바이께서 내 원수 에미나이 모가지 앞에서리 내게 말이오
떡 하니 상을 차려 주시고 말이오
빤지르르한 기름으로 내 머리에 확 부어 주시니끼니
내 잔이 철철 넘치지 않갔시오. 기럼.
나의 평생에 착함과 인자하심이 끝까지 나를 따르니끼니
내레 여호와 아바이의 집에서리 죽을 때까지 살갔시오.
아멘이 아이겠음?

8.4.2.1. 참고자료

시편 79편에 기대어 지은 '민족해방을 기념하는 시'

아래는 한국여신학자협의회 성서언어연구반 엮음, 『한반도에서 다시 살아나는 여성 시편. 개정증보판』. (서울: 여성신학사, 2005), 43-45쪽에 실린 시편으로 김명현이 시편 79편에 기대어 지은 것입니다. 몇 군데에서 한글 맞춤법과 띄어쓰기가 틀린 것은 바로잡았습니다.

1. 일본인들이 한반도로 들어와서
   아름다운 강산을 짓밟아 황폐하게 만들었네.

2. 한민족의 얼을 없애려고 우리말도 못하게 하고
   조상으로부터 물려받은 성과 이름도 못쓰게 하였네.

3. 튼튼한 젊은 남자들은 징병과 징용으로 끌려갔고
   어여쁜 젊은 여자들은 정신대로 끌려갔네.

4. 농사지은 것들 다 공출로 빼앗아 갔고
   전쟁무기 만든다고 밥그릇과 놋수저까지 빼앗아 갔네.

5. 우리가 받은 교육은 일본 천황에게 충성하라는 것이었고

일본국에 종속되어 사는 것이 당연하다고 세뇌시켰네.

6. 어떤 이들은 자신의 이익을 위해 일본국의 앞잡이가 되고
어떤 이들은 목숨의 위험을 무릅쓰고 나라를 되찾기 위해 고생했네.

7. 결국 우리 민족은 주변 나라들의
웃음거리가 되고 조소거리가 되어 피눈물 나는 36년을 살았지.

8. 그 어려운 세월을 살면서 우리 조상들은
"하나님, 언제까지입니까? 영원히 노여워하시렵니까?
언제까지 하나님의 진노하심이
불길처럼 타오를 것입니까?" 하며 울부짖었네.

9. "하느님이 보우하사 우리나라 만세"를 언제 마음껏 불러 보랴?
태극기를 언제 마음 놓고 흔들어 보랴?

10. 드디어 1945년 8월 15일 우리는 민족 해방의 날을 맞았네.

11. 우리는 지금 해방된 지 50년이 훌쩍 넘은
2000년대에 서 있지만
아직도 우리 영토는 남북으로 분단되고
경제적으로는 강대국들에 속해 있네.

12. 해방절을 맞이하면 맞이할수록
우리의 쓰라린 기억은 자꾸만 희미해져 가네.

13. 하나님!
우리가 지난 역사를 올바른 분별력으로
바로 깨닫도록 지혜 주시기를 빕니다.

14. 이제 해방의 날을 맞이하면서
수치스런 과거를 되새기며 기억하게 하시고
다시는 노예로 살아가지 않도록 지켜 주십시오.

15. 오직 하나님 나라에만 속해서 하늘나라 시민으로
자유와 평화를 누리며 살도록 은총 베풀어 주십시오.

16. 이제 우리나라 백성 대대손손이 해방의 길로 인도하신 하나님께
영원히 감사를 드리렵니다. 영원히 찬양을 드리렵니다.

조모임 보고서 1

조 이 름		과	1과
인 도 자 이 름		본문	과목 소개, 시편 통틀어보기
기 록 자 이 름		날짜	
다른 참석자 이름			

나눈 이야기의 내용

1.2.3.2. 서식

조모임 보고서 2

조 이 름		과	1과
인 도 자 이 름		본문	과목 소개, 시편 통틀어보기
기 록 자 이 름		날짜	
다른 참석자 이름			

나눈 이야기의 내용

절취선

첫 날 공부 마무리 기도문

조 이 름		날짜	
성 경 본 문			
기도한 사람들 이름			
기 도 문			

절취선

서식

조모임 보고서 1

조 이 름		과	2과
인 도 자 이 름		본문	
기 록 자 이 름		날짜	
다른 참석자 이름			

나눈 이야기의 내용

2.3.2.3. 서식

조모임 보고서 2

조 이 름		과	2과
인도자 이름		본문	
기록자 이름		날짜	
다른 참석자 이름			

나눈 이야기의 내용

절취선

둘째 날 공부 마무리 기도문

조 이 름		날짜	
성 경 본 문			
기도한 사람들 이름			
기 도 문			

절취선

서 식

조모임 보고서 1

조 이 름		과	3과
인 도 자 이 름		본문	시편 8편
기 록 자 이 름		날짜	
다른 참석자 이름			

나눈 이야기의 내용

3.3.1.1. 서식

시편 8편을 하나님이 하시는 말씀으로 바꾸어 쓰기

작성자 이름		조	

절취선

조모임 보고서 2

조 이 름		과	3과
인 도 자 이 름		본문	시편 8편
기 록 자 이 름		날짜	
다른 참석자 이름			

나눈 이야기의 내용

3.3.2.2. 서식

청원서

보내는 사람:

(주소)

(이름)

받으시는 분:

(주소)

(회사이름)

(기업대표자 이름)

청원서

존경하는

(날짜)

(장소)

(청원인 이름, 서명 또는 날인)

절취선

조모임 보고서 3

조 이 름		과	3과
인 도 자 이 름		본문	시편 8편
기 록 자 이 름		날짜	
다른 참석자 이름			

나눈 이야기의 내용

3.3.3.2. 서식

셋째 날 공부 마무리 기도문

<table>
<tr><td>조 이 름</td><td></td><td>날짜</td><td></td></tr>
<tr><td>성 경 본 문</td><td colspan="3">시편 8편</td></tr>
<tr><td>기도한 사람들 이름</td><td colspan="3"></td></tr>
<tr><td>기 도 문</td><td colspan="3"></td></tr>
</table>

절취선

조모임 보고서 1

조 이 름		과	4과
인 도 자 이 름		본문	시편 13편
기 록 자 이 름		날짜	
다른 참석자 이름			

나눈 이야기의 내용

4.3.1.3. 서식

조모임 보고서 2

조 이 름		과	4과
인도자 이름		본문	시편 13편
기록자 이름		날짜	
다른 참석자 이름			

나눈 이야기의 내용

절취선

조모임 보고서 3

조 이 름		과	4과
인 도 자 이 름		본문	시편 13편
기 록 자 이 름		날짜	
다른 참석자 이름			

나눈 이야기의 내용

4.3.3.2. 서식

넷째 날 공부 마무리 기도문

조　이　름		날짜	
성 경 본 문			
기도한 사람들 이름			
기　도　문			

절취선

조모임 보고서 1

조 이 름		과	5과
인 도 자 이 름		본문	시편 22편
기 록 자 이 름		날짜	
다른 참석자 이름			

나눈 이야기의 내용

5.3.2.2. 서식

조모임 보고서 1

조 이 름		과	5과
인 도 자 이 름		본문	시편 22편
기 록 자 이 름		날짜	
다른 참석자 이름			

나눈 이야기의 내용

절취선

절취선

5.3.3.2. 서식

다섯째 날 공부 마무리 기도문

<table>
<tr><td>조 이 름</td><td></td><td>날짜</td><td></td></tr>
<tr><td>성 경 본 문</td><td colspan="3">시편 22편</td></tr>
<tr><td>기도한 사람들 이름</td><td colspan="3"></td></tr>
<tr><td>기 도 문</td><td colspan="3"></td></tr>
</table>

서식

조모임 보고서 1

조 이 름		과	6과
인 도 자 이 름		본문	시편 23편
기 록 자 이 름		날짜	
다른 참석자 이름			

나눈 이야기의 내용

6.3.2.2. 서식

조모임 보고서 2

조 이 름		과	6과
인 도 자 이 름		본문	시편 23편
기 록 자 이 름		날짜	
다른 참석자 이름			

나눈 이야기의 내용

절취선

여섯째 날 공부 마무리 기도문

조 이 름		날짜	
성 경 본 문	시편 23편		
기도한 사람들 이름			
기 도 문			

절취선

서식

조모임 보고서

조 이 름		과	7과
인 도 자 이 름		본문	시편 51편
기 록 자 이 름		날짜	
다른 참석자 이름			

나눈 이야기의 내용

절취선

서식

7.3.2.1. 서식

참회시/참회문

작성자 이름		조	

절취선

일곱째 날 공부 마무리 기도문

조 이 름		날짜	
성 경 본 문	시편 51편		
기도한 사람들 이름			
기 도 문			

절취선

서식

조모임 보고서 1

조 이 름		과	8과
인 도 자 이 름		본문	시편 79편
기 록 자 이 름		날짜	
다른 참석자 이름			

나눈 이야기의 내용

8.3.2.2. 서식

조모임 보고서 2

조 이 름		과	8과
인 도 자 이 름		본문	시편 79편
기 록 자 이 름		날짜	
다른 참석자 이름			

나눈 이야기의 내용

절취선

여덟째 날 공부 마무리 기도문

조 이 름		날짜	
성 경 본 문	시편 51편		
기도한 사람들 이름			
기 도 문			

절취선

서 식

조모임 보고서 1

조 이 름		과	9과
인 도 자 이 름		본문	시편 100편
기 록 자 이 름		날짜	
다른 참석자 이름			

나눈 이야기의 내용

절취선

9.3.2.2. 서식

조모임 보고서 2

조 이 름		과	9과
인 도 자 이 름		본문	시편 100편
기 록 자 이 름		날짜	
다른 참석자 이름			

나눈 이야기의 내용

절취선

아홉째 날 공부 마무리 기도문

조 이 름		날짜	
성 경 본 문	시편 100편		
기도한 사람들 이름			
기 도 문			

절취선

서식

조모임 보고서 1

조 이 름		과	10과
인 도 자 이 름		본문	시편 107편
기 록 자 이 름		날짜	
다른 참석자 이름			

나눈 이야기의 내용

절취선

서식

10.3.2.2. 서식

조모임 보고서 2

조 이 름		과	10과
인 도 자 이 름		본문	시편 107편
기 록 자 이 름		날짜	
다른 참석자 이름			

나눈 이야기의 내용

절취선

10.3.3.2. 서식

열째 날 공부 마무리 기도문

<table>
<tr><td>조 이 름</td><td></td><td>날짜</td><td></td></tr>
<tr><td>성 경 본 문</td><td colspan="3">시편 107편</td></tr>
<tr><td>기도한 사람들 이름</td><td colspan="3"></td></tr>
<tr><td>기 도 문</td><td colspan="3"></td></tr>
</table>

절취선

서식

조모임 보고서 1

조 이 름		과	11과
인 도 자 이 름		본문	시편 122편
기 록 자 이 름		날짜	
다른 참석자 이름			

나눈 이야기의 내용

11.3.2.3. 서식

조모임 보고서 2

조 이 름		과	11과
인 도 자 이 름		본문	시편 122편
기 록 자 이 름		날짜	
다른 참석자 이름			

나눈 이야기의 내용

절취선

열한째 날 공부 마무리 기도문

조 이 름		날짜	
성 경 본 문	시편 122편		
기도한 사람들 이름			
기 도 문			

절취선

서식

조모임 보고서 1

조 이 름		과	12과
인 도 자 이 름		본문	전체 정리와 평가
기 록 자 이 름		날짜	
다른 참석자 이름			

나눈 이야기의 내용

절취선

서식

12.2.4.2. 서식

조모임 보고서 2

조 이 름		과	12과
인 도 자 이 름		본문	전체 정리와 평가
기 록 자 이 름		날짜	
다른 참석자 이름			

나눈 이야기의 내용

절취선

열두째 날 공부 마무리 기도문

조 이 름		날짜	
성 경 본 문			
기도한 사람들 이름			
기 도 문			

절취선

서식

인도자 지침

일반 지침

1. **학습자용 교재의 짜임새**와 관련하여 다음 몇 가지를 미리 알아 두면 좋습니다.

(1) 교재는 12과로 이루어져 있습니다. 1과에서는 이 성경공부의 원칙과 방법을 안내하고 시편을 통틀어 생각해 보게 합니다. 2-11과에서는 시편에서 뽑은 10본문을 한 주에 한 본문씩 공부하게 합니다. 12과에서는 11주에 걸쳐 함께 공부한 것을 한데 모아 보고 정리하게 합니다.

(2) 학습자용 교재는 → 1.1.4. 참고자료: 과목 소개에서 밝힌 성경 공부의 원칙에 따라 만들었습니다. 이를테면 2-11과의 **수업안**에서는 각 본문의 내용을 담은 제목을 붙이지 않고 본문 범위를 그대로 제목에 표시했습니다.

(3) **악보**에서는 필요한 과에서 쓸 복음성가나 찬송가를 복사해 두었습니다.

(4) **나누어 읽을 본문**에서는 개역개정판 시편 본문을 각 구성요소를 비롯하여 여러 관점에서 나누어 읽게 새롭게 써 놓았습니다.

(5) **참고자료**는 그야말로 참고하는 자료이므로 전체 앞에서 이를 다시 다 읽으려 하지 말고, 학습자들이 스스로 참고하게 하고, 인도자는 그 내용을 간추려 학습자들이 서로 나눈 이야기를 정리하는 데 쓰면 됩니다.

(6) **서식**은 조별모임 보고서와 매 시간 공부를 마무리할 때 만드는 기도문과 몇 군데

개별 작업의 결과를 적을 때 필요합니다.

(7) **나누어 읽을 본문, 서식, 악보, 참고자료**를 언제 써야 할지는 각 과 '수업안'에서 화살표(→)로 표시해 놓았습니다.

(8) 이 교재를 신학대학원 학생들이 아닌 사람들이 쓸 때에는 학습자들의 상황에 알맞게 교재의 표현 형식이나 내용을 고쳐 쓸 수 있습니다.

2. **인도자용 교재**는 다음과 같은 방식으로 쓰면 좋습니다.

(1) 매 시간 성경공부는 학습자용 교재, 그 가운데서도 특히 **수업안**을 중심으로 진행하므로, 인도자는 학습자용 교재 각 과의 내용과 흐름을 미리 잘 알아 둡니다.

(2) 매 시간 공부를 이끌어 가면서 알맞은 단계에서 인도자용 교재 뒤에 붙어 있는 **풀이**를 복사하여 학습자들에게 나누어 줍니다. 그렇지만 이 **풀이**를 낱낱이 다 읽어 주기보다는 이를 밑바탕으로 하여 핵심 내용만 짤막하게 제시하는 것이 더 좋습니다. 때로는 학습자 각자가 스스로 이 **풀이**를 자신이 스스로 공부한 바와 견주어 보게 할 수도 있습니다. 매 시간 언제 **풀이**를 나눌 것인지는 아래 과별 인도자 지침에서 알 수 있습니다.

(3) 인도자는 매 시간 공부가 끝난 뒤에 그 날 공부 진행 상황과 공부 내용 가운데 특별한 점과 공부를 인도하면서 느낀 점 등을 인도자용 교재 뒤에 붙여 둔 **수업일지**에 간결하게 적습니다.

3. **매 시간 성경 공부를 이끌어 갈 때** 인도자는 다음 몇 가지를 늘 염두에 두어야 합니다.

(1) 이 성경공부는 →1.1.4. 참고자료: 과목 소개에서 밝힌 바와 같이 한글 성경을 중심으로 함께 찾은 본문의 중심 가르침을 우리 각 자와 모두의 삶에서 실천하여 나와 우리의 삶이 달라짐을 겨냥합니다. 그런 만큼 이 성경공부에서는 본문을 자세히 깊이 주석하거나 설명하지 않습니다. 또한 함께 본문을 읽고 이야기 나누는 과정에서 생기는

여러 가지 궁금한 것들을 낱낱이 알아볼 수도 없습니다. 이런 점들을 학습자들이 양해해 주기를 거듭 상기시킵니다. 더 나아가서 개별적으로 학습자들이 더 알고 싶어 하는 문제의 답을 스스로 찾아보는 길을 친절히 알려줄 수도 있습니다.

⑵ 인도자는 매 시간 성경 공부가 무엇보다도 → 1.1.4. 참고자료: 과목 소개에서 밝힌 성경 공부의 원칙에 따라 잘 진행되게 이끕니다. 될 수 있는 대로 인도자가 말하는 시간은 줄이고 학습자들끼리 이야기 나누고 그 결과를 전체 앞에 발표하는 데 시간을 많이 주도록 힘씁니다.

⑶ 인도자는 학습자들 가운데 몇 사람이나 여러 조 가운데 몇몇 조가 대화나 발표를 지나치게 주도하지 않도록 조별 토의와 전체 발표 과정을 주의 깊게 살핍니다. 그리하여 학습자들이나 조들 사이의 균형을 잡기 위해 필요할 때에는 자연스러운 방식으로 끼어듭니다.

⑷ 인도자는 학습자들이 옆 사람과 나눈 이야기나 조모임에서 나눈 이야기가 너무 여러 가지일 때는 미리 마련해 둔 '풀이'나 간단한 해설을 통해서 이야기의 흐름을 매 시간 다루는 본문의 초점에 맞추어 조정합니다. 이를 위해서 **풀이**의 끝에 소개한 각 본문의 중심 가르침을 적어 두었습니다. 그렇지만 학습자들이 이 중심 가르침을 정답으로 오해하지 않도록 조심합니다.

⑸ 인도자는 또한 교재대로 진행하려고만 할 것이 아니라 매 시간의 상황에 따라 교재에 제시된 바를 융통성 있게 씁니다. 특히 학습자들에게서 나오는 창의적인 내용을 적극적으로 받아들여 전체 성경 공부를 풍성하게 하는 데 애씁니다.

⑹ 한 번의 수업은 ① 지난주 공부를 되돌아보는 시간(**'1. 말씀을 향하여'**) **15%**, ② 그 날 본문의 가르침을 함께 찾아내는 시간(**'2. 말씀 속으로'**) **40%**, ③ 찾은 가르침을 삶에 적용하고 다음 시간에 준비할 것을 알리는 시간(**'3. 말씀과 함께'** 와 **'4. 과제'**) **45%**의 세 부분으로 나누어, 전체 135분의 시간으로 말한다면 ① 15-20분, ② 45-50분, ③ 50-55분 정도로 진행하면 좋습니다. 학습자들의 집중도가 시간이 흐를수록 떨어지는 점을 고려한다면, ②와 ③ 사이에 15-20분 정도 쉬는 것이 좋습니다.

(7) 인도자는 매 시간 학습자들이 제출한 과제물을 미리 다 잘 읽어 보고 시간이 모자라 학습자들이 궁금해 하는 것을 낱낱이 다 설명해 주지 못하더라도 학습자들의 관심사를 잘 파악하고 있다는 점을 느끼게 하도록 힘씁니다.

4. **2과, 4과, 5과, 8과, 10과의 공동작업 과제**를 어느 조에서 맡을 것인지를 맨 첫 시간에 미리 정해 두면 좋습니다.

5. 수업의 전 과정을 좀 더 효과 있게 진행하려면 **인터넷 클럽**을 만들어 운영하는 것이 좋습니다. 학습자용 교재 각 과의 맨 뒤에 제시하는 개인별 과제와 공동작업 과제의 첫 괄호 안에 있는 …에 그 클럽의 주소를 적어 넣을 수 있습니다. 클럽에는 무엇보다도 개인별 과제와 공동작업 과제를 정한 시간까지 올리게 하는 **개인별 과제 게시판**과 **공동작업 과제 게시판**을 마련해 두면 좋습니다. 학습자용 교재 각 과의 4.1.와 4.2.의 두 번째……에 그 시간을 적어 넣을 수 있습니다. 그뿐만 아니라 매 시간의 조모임 보고서를 학습자용 교재 뒷부분에 있는 양식에 써 올리는 조모임 보고 게시판, 수업과 관련된 의견을 올릴 수 있는 **의견제시 게시판**, 수업 관련 자료를 수시로 올리는 **수업자료 게시판**, 인도자가 매 시간 마친 뒤에 올리는 수업일지 게시판 등을 만들어 참가자들이 서로 긴밀히 사귀면서 함께 공부해 나갈 터전을 마련해 주는 것이 좋습니다.

과별 지침

1. 과목 소개, 시편 통틀어 보기

1.1.2. 학습자들이 신학생들이 아닌 경우에는 학년은 빼고 학습자들의 상황에 알맞게 물음을 바꾸거나 덧붙여 옆 사람과 이야기 나누게 합니다.

1.1.3. 성경공부는 신앙 공동체의 활동인 만큼 학습자들이 서로를 잘 알고 이해하는

것이 중요합니다. 이 점을, 첫 시간부터 마지막 시간까지 인도자와 학습자들이 잊지 말아야 합니다.

1.1.4. → 1.1.4. 참고자료를 밑바탕으로 하여 과목을 소개합니다. 학습자들 가운데는 이미 창세기, 여호수아 · 사사기, 이사야 성경공부를 해 본 사람들도 있으리라 예상합니다. 이들에게는 과목 소개가 지루할 수 있겠지만, 이 성경공부교재의 목적, 특징, 구성, 사용방법, 특히 → 1.1.5. 풀이를 중심으로 조모임 대화와 보고 방법을 다시 한 번 상기시키는 것이 중요합니다.

1.2.2.에서 옆 사람과 나눈 이야기는 시간을 아끼기 위해서 전체에 보고하지 않습니다.

1.2.3.2. 시편의 이름, 짜임새, 주제 따위를 두고 조별로 이야기 나눈 바를 전체 앞에서 보고하게 한 다음에 시편의 이름과 짜임새와 주제에 관해서는 '1.2.3.1. 풀이' 를 나누고 이를 밑바탕으로 정리합니다.

◎ 위 **일반지침 4.**에서 제시한 대로 2과, 4과, 5과, 8과, 10과의 공동작업 과제를 다섯 조가 하나씩 맡아 할 것을 첫 시간에 정합니다.

◎ → **1.3.2. 서식**(마무리 기도문)은 **조모임 기록자뿐만 아니라 모든 학습자가 쓸 수 있음**을 알립니다.

2. 시편 1편 공부

2.2. 시편 1편 본문 이해에서 가장 중요한 것은, 이 시편의 초점이 의인과 악인의 대비시키는 데 있지 않고 복 있는 사람에게 있다는 사실입니다.

2.2.1. 이를 학습자들이 자연스럽게 본문에서 알아차릴 수 있도록 시편 1편 읽기도 그 짜임새를 따라 1-3절과 4-5절과 6절로 나누어 읽게 합니다.

2.2.2.와 2.2.3.의 조별 토의를 함께 하고 **2.2.3.3.**에서 보고를 받은 다음에 → 2.2.2.1. 풀이와 → 2.2.2.2. 풀이와 → 2.2.3.1. 풀이를 나누어 주어 학습자 스스로 시편 1편의 흐름과 짜임새를 확인하게 하고, 시편 1편에서는 '복 있는 사람' 과 '악인들'

을 맞세우고 있음을 깨닫게 합니다. 그런 다음에 시편 1편의 중심 가르침을 함께 정리합니다.

2.4.2. 첫 공동작업 과제를 맡은 조를 확인하고 공동작업을 잘 하도록 격려합니다.

◎ → 2.3.3.2. 서식과 다음 시간 서식 가운데서 → **3.3.1.1. 서식과** → **3.3.2.2. 서식은 조모임 기록자뿐만 아니라 모든 학습자가 쓸 수 있음**을 알립니다.

3. 시편 8편 공부

3.1.2.1. 학습자들이 지난주의 공동작업 과제의 결과를 함께 맛보며 시편 1편의 가르침을 되새기게 합니다.

3.1.2.2. 이 성경공부는 삶의 변화를 겨냥하므로 지난 한 주간의 삶을 시편 1편의 가르침에 비추어 돌아보는 시간을 소홀히 하지 않도록 합니다.

3.1.2.2.와 **3.1.3.** 옆 사람과 이야기 나눈 내용을 한두 사람이 전체 앞에서 짤막하게 보고하는 것은 경우에 따라 생략할 수 있습니다.

3.2.1. 시편 8편을 두 가지 방식으로 읽고 들으면서 그 느낌이 어떻게 달라지는지 학습자들이 느끼게 해 봅니다.

3.2.2.와 **3.2.3.**의 조별 토의를 함께 하고 **3.2.3.3.**에서 보고를 받은 다음에 → 3.2.2.1. 풀이와 → 3.2.2.2. 풀이와 → 3.2.2.3. 풀이를 나누어 주어 학습자 스스로 시편 8편의 흐름과 짜임새와 중심 낱말이나 표현을 확인하게 하고, 이 시편의 중심 가르침을 함께 정리합니다.

◎ → **3.3.3.2. 서식**과 다음 시간 서식 가운데서 → **4.3.2.2. 서식은 조모임 기록자뿐만 아니라 모든 학습자가 쓸 수 있음**을 알립니다.

4. 시편 13편 공부

4.1.3.2. 옆 사람과 이야기 나눈 내용을 한두 사람이 전체 앞에서 짤막하게 보고하는 것은 경우에 따라 생략할 수 있습니다.

4.2.1. 시편 13편을 세 부분으로 나누어 읽음으로써 개인 탄원시의 구성요소와 흐름과 짜임새를 느끼게 합니다.

4.2.2.와 **4.2.3.**의 조별 토의를 함께 하고 **4.2.3.5.**에서 보고를 받은 다음에 → 4.2.2.1. 풀이와 → 4.2.2.2. 풀이와 → 4.2.2.3. 풀이를 나누어 주어 학습자 스스로 시편 13편의 흐름과 짜임새와 중심 낱말이나 표현을 확인하게 하고, 이 시편의 중심 가르침을 함께 정리합니다.

◎ → **4.3.3.2. 서식은 조모임 기록자뿐만 아니라 모든 학습자가 쓸 수 있음**을 알립니다.

5. 시편 22편 공부

◎ 이 날의 수업은 함께 공부할 본문이 길고 그 짜임새가 복잡한 만큼 본문의 가르침을 찾는 데 너무 많은 시간이 걸리지 않게 특별히 조심할 필요가 있습니다.

5.1.2.2. 옆 사람과 이야기 나눈 내용을 한두 사람이 전체 앞에서 짤막하게 보고하는 것은 경우에 따라 생략할 수 있습니다.

5.2.1. 시편 22편을 구성 요소를 따라, 그것도 각 구성 요소의 분위를 잘 살려 읽고 듣는 가운데 학습자들이 이 복합유형 시편의 흐름과 짜임새를 느끼게 합니다.

5.2.2.와 **5.2.3.**의 조별 토의를 함께 하고 **5.2.3.2.**에서 보고를 받은 다음에 → 5.2.2.1. 풀이와 → 5.2.2.2. 풀이와 → 5.2.2.3. 풀이를 나누어 주어 학습자 스스로 시편 22편의 흐름과 짜임새와 중심 낱말이나 표현을 확인하게 하고, 이 시편의 중심 가르침을 함께 정리합니다.

5.3.1.1. 시편 22편의 내용을 이야기로 풀어 이야기하는 가운데 이 시편의 배경이 되는 삶의 경험을 느껴 보게 할 수 있습니다.

◎ → **5.3.3.2. 서식은 조모임 기록자뿐만 아니라 모든 학습자가 쓸 수 있음**을 알립니다.

6. 시편 23편 공부

6.1.3.2. 옆 사람과 이야기 나눈 내용을 한두 사람이 전체 앞에서 짤막하게 보고하는 것은 경우에 따라 생략할 수 있습니다.

6.2.1. 시편 23편은 거의 외우다시피 하는 본문이므로, 읽고 듣기를 소홀히 하기 쉽습니다. 6.2.1.1.에서는 이 시편을 마치 처음 읽고 듣는 것처럼 읽고 듣고, 6.2.1.2.에서는 하나님과 시인이 어떤 관계에 있는지를 알아차릴 수 있도록 읽고 듣게 합니다.

6.2.2.와 **6.2.3.**의 조별 토의를 함께 하고 **6.2.3.2.**에서 보고를 받은 다음에 → 6.2.2.1. 풀이와 → 6.2.2.2. 풀이를 나누어 주어 학습자 스스로 시편 23편의 흐름과 짜임새와 중심 낱말이나 표현을 확인하게 하고, 이 시편의 중심 가르침을 함께 정리합니다.

6.3.1.1. 시편 23편을 여러 지방 사투리로 바꾸어 읊게 할 때 → 6.3.1. 참고자료에 매이지 않게 하는 것이 좋습니다. 같은 지방이라도 지역과 가정의 전통에 따라 사투리가 달라질 수도 있기 때문입니다.

◎ → 6.3.3.2. 서식과 다음 시간 서식 가운데서 → **7.3.2.1. 서식은 조모임 기록자뿐만 아니라 모든 학습자가 쓸 수 있음**을 알립니다.

7. 시편 51편 공부

7.1.3.2. 옆 사람과 이야기 나눈 내용을 한두 사람이 전체 앞에서 짤막하게 보고하는 것은 경우에 따라 생략할 수 있습니다.

7.2.1. 시편 51편을 구성 요소를 따라 읽고 듣는 가운데 학습자들이 무엇보다도 이 참회시의 흐름이 어떠한지 알아차리게 합니다.

7.2.2.와 **7.2.3.**의 조별 토의를 함께 하고 **7.2.3.2.**에서 보고를 받은 다음에 → 7.2.2.1. 풀이와 → 7.2.2.2. 풀이와 → 7.2.2.3. 풀이를 나누어 주어 학습자 스스로 시편 51편의 흐름과 짜임새와 중심 낱말이나 표현을 확인하게 하고, 이 시편의 중심 가르침을 함께 정리합니다.

◎ → **7.3.3.2. 서식은 조모임 기록자뿐만 아니라 모든 학습자가 쓸 수 있음**을 알립니다.

8. 시편 79편 공부

8.1.3.2. 옆 사람과 이야기 나눈 내용을 한두 사람이 전체 앞에서 짤막하게 보고하는 것은 경우에 따라 생략할 수 있습니다.

8.2.1. 시편 79편을 세 부분으로 나누어 읽음으로써 민족 탄원시의 구성요소와 흐름과 짜임새를 느끼게 합니다.

8.2.2.와 **8.2.3.**의 조별 토의를 함께 하고 **8.2.3.3.**에서 보고를 받은 다음에 → 8.2.2.1. 풀이와 → 8.2.2.2. 풀이와 → 8.2.2.3. 풀이를 나누어 주어 학습자 스스로 시편 79편의 흐름과 짜임새와 중심 낱말이나 표현을 확인하게 하고, 이 시편의 중심 가르침을 함께 정리합니다.

8.4.2. 공동작업 과제는 맡은 조에 속하지 않는 학습자들도 관심이 있으면 한 번 해 보도록 권유할 만합니다.

◎ → **8.3.3.2. 서식은 조모임 기록자뿐만 아니라 모든 학습자가 쓸 수 있음**을 알립니다.

9. 시편 100편 공부

9.1.2.1.과 **9.1.3.2.** 옆 사람과 이야기 나눈 내용을 한두 사람이 전체 앞에서 짤막하게 보고하는 것은 경우에 따라 생략할 수 있습니다.

9.2.1. 시편 100편은 예배 첫머리에서 흔히 쓰입니다. 9.2.1.1.에서는 교회 예배에서 보통 경험하는 교독의 형식이 어떤 느낌을 주는지 다시 한 번 생각해 보게 하고, 9.2.1.2.에서는 시편 23편의 경우와 마찬가지로 하나님과 시인이 어떤 관계에 있는지를 알아차릴 수 있도록 읽고 듣게 합니다.

9.2.2.와 **9.2.3.**의 조별 토의를 함께 하고 **9.2.3.2.**에서 보고를 받은 다음에 →

9.2.2.1. 풀이와 → 9.2.2.2. 풀이와 → 9.2.2.3. 풀이를 나누어 주어 학습자 스스로 시편 100편의 흐름과 짜임새와 중심 낱말이나 표현을 확인하게 하고, 이 시편의 중심 가르침을 함께 정리합니다.

◎ → **9.3.3.2. 서식은 조모임 기록자뿐만 아니라 모든 학습자가 쓸 수 있음**을 알립니다.

10. 시편 107편 공부

◎ 이 날의 수업도 시편 22편을 공부할 때와 마찬가지로 함께 공부할 본문이 길고 그 짜임새가 복잡한 만큼 본문의 가르침을 찾는 데 너무 많은 시간이 걸리지 않게 특별히 조심할 필요가 있습니다.

10.1.3.2. 옆 사람과 이야기 나눈 내용을 한두 사람이 전체 앞에서 짤막하게 보고하는 것은 경우에 따라 생략할 수도 있습니다.

10.2.1. 시편 107편 본문이 긴 만큼, 이번에는 학습자 전체가 참여하는 방식으로 본문을 나누어 읽습니다.

10.2.2.와 **10.2.3.**의 조별 토의를 함께 하고 **10.2.3.2.**에서 보고를 받은 다음에 → 10.2.2.1. 풀이와 → 10.2.2.2. 풀이와 → 10.2.2.3. 풀이를 나누어 주어 학습자 스스로 시편 107편의 흐름과 짜임새와 중심 낱말이나 표현을 확인하게 하고, 이 시편의 중심 가르침을 함께 정리합니다.

◎ → **10.3.3.2. 서식은 조모임 기록자뿐만 아니라 모든 학습자가 쓸 수 있음**을 알립니다.

11. 시편 122편 공부

11.1.3.2. 옆 사람과 이야기 나눈 내용을 한두 사람이 전체 앞에서 짤막하게 보고하는 것은 경우에 따라 생략할 수도 있습니다.

11.2.1. 시간이 흐르면서 순례가 진행되는 순서와 내용에 맞추어 본문을 나누어 읽고

들음으로써 순례의 과정에 동참하는 느낌을 받게 합니다.

11.2.2.와 **11.2.3.**의 조별 토의를 함께 하고 **11.2.3.2.**에서 보고를 받은 다음에 → 11.2.2.1. 풀이와 → 11.2.2.2. 풀이와 → 11.2.2.3. 풀이를 나누어 주어 학습자 스스로 시편 107편의 흐름과 짜임새와 중심 낱말이나 표현을 확인하게 하고, 이 시편의 중심 가르침을 함께 정리합니다.

◎ → **11.3.3.2. 서식은 조모임 기록자뿐만 아니라 모든 학습자가 쓸 수 있음**을 알립니다.

12. 전체 정리와 평가

12.2.의 조별 토의를 함께 하고 12.2.4.에서 보고를 받은 다음에 → 12.2.3. 풀이를 나누어 주고 함께 이번 학기 시편 공부를 함께 정리합니다.

12.3.1.에서 인도자는 함께 공부한 10군데 시편 본문 가운데서 중심 되는 구절로 1편 2절, 8편 4, 6, 8절, 13편 1, 6절, 22편 21-22절, 23편 1, 6절, 51편 17절, 79편 1, 13절, 100편 1-2절, 107편 1-3절, 122편 8절을 차례대로 읽습니다. 각 시편의 중심 구절을 읽은 뒤에 매번 다짐찬송("이 말씀 따라 사는 동안")을 부르는 것이 번거로우면, 처음 네 시편(1, 8, 13, 33편)의 중심 구절을 한데 묶어 읽은 뒤에 다짐찬송을 한 번 부르고, 그 다음 세 시편(23, 51, 79편)의 중심 구절을 읽은 뒤에 다시 다짐찬송을 부르고, 마지막 세 시편(100, 107, 122편)을 읽은 뒤에 다짐찬송을 부르는 식으로 인도하는 것도 좋습니다.

◎ → **12.3. 서식은 조모임 기록자뿐만 아니라 모든 학습자가 쓸 수 있음**을 알립니다.

이야기 나눌 때나 보고할 때 조심할 점들

성경공부를 효과 있게 하자면 전체 모임과 조별 모임을 잘 해야 합니다. 그리하자면 **함께 이야기 나눌 때나 보고할 때** 다음 몇 가지를 염두에 둘 필요가 있습니다.

1. 어떤 문제를 두고 함께 이야기를 나눌 때 **한 사람이 너무 길게 말하지 않아야** 합니다. 될 수 있는 대로 1분 안에 말을 끝내는 것이 좋습니다. 또 **한 사람이 너무 자주 말하지 않아야** 합니다. 발표의 기회가 모든 학습자들에게 골고루 돌아갈 수 있게, 말할 것이 많은 사람은 발언을 자제하고, 여러 사람 앞에서 말하는 데 익숙하지 않은 사람은 용기를 내어 빠짐없이 말합니다.

2. 어떤 문제를 두고 함께 이야기를 나눌 때 **먼저 다른 사람이 하는 말을 바르게 이해하기에 힘써야** 합니다. 다른 사람의 말을 제대로 이해하고 난 다음에야 자기 의견이 그 사람의 생각과 같은지 비슷한지 다른지를 말할 수 있기 때문입니다. 따라서 다른 사람의 말 가운데서 확실하게 이해하지 못한 부분이 있으면 이를 두고 먼저 다시 묻는 것이 좋습니다.

3. 조별 모임에서는 조원들이 **돌아가면서 인도자나 기록발표자**가 되는 것이 좋습니다. 인도자는 앞서 첫째에서 이야기한 바가 이루어지도록 대화의 전 과정을 조정합니다.

4. **보고는 간단하고 분명하게** 합니다. 한 조의 보고는 2분을 넘지 않게 합니다. 다른 조에서 앞서 보고한 내용은 뺄 수 있습니다.

1.2.3.1. 풀이

시편 통틀어 보기

(2) 시편이라는 책 이름

'시편' (詩篇)이라는 우리말 성경 제목은 문학 장르의 시(詩)를 연상시키지만 실은 시편은 찬송가에 더 가깝습니다. 히브리말 성경에서는 '세페르 테힐림' 이라 하는데, 이는 '노래들의 책' 을 뜻합니다. 히브리말 성경의 제목이 그 내용에 더 어울리는 것으로 보입니다. 그리스어 번역본인 칠십인역 성경에서는 이 책을 '프살테리온' 이라고 불렀는데, 그 뜻은 본디 "현악기로 부른 노래"입니다. 이런 전통을 따라 라틴말 성경과 영어 흠정역 성경(KJV=King James Version)과 오늘의 번역본 성경들이 모두 이 책에 시편(Psalms)라는 제목을 붙인 것으로 보입니다.

(3) 시편의 짜임새

시편은 5권 150편으로 이루어져 있습니다. 우리말 성경에도 1-41편을 제일권, 42-72편을 제이권, 73-89편을 제삼권, 90-106편을 제사권, 107-150편을 제오권으로 묶어 놓았습니다. 특별하게도 우리말 성경에서 유독 시편만 '○장' 이라고 부르지 않고 '○편' 이라고 부르는 전통이 있습니다.

(4) 시편의 주제

성경 전체에서 가장 긴 150장(편)으로 이루어진 시편은 그 장수만큼이나 주제 또한 다양합니다. 성경학자들은 시편의 내용에 따라 민족이나 개인의 탄원을 담은 '탄원시', 민족이나 개인의 감사를 담은 '감사시', 그리고 '찬양시,' '예배의식시,' '시온의 노래,' '제왕시' (하나님의 왕권 찬양시), '신뢰시,' '지혜시' 등으로 이름을 붙입니다.

이리하여 시편의 주제는 크게 탄원, 감사, 찬양, 예배, 시온(성), 왕(권), 신뢰, 지혜 등이라고 볼 수 있겠습니다. 좀 더 자세히 들여다보면, 창조, 구원, 역사, 율법(〈토라〉), 기도 등도 여러 시편에서 나타납니다.

2.2.2.1. 풀이

시편 1편의 흐름과 짜임새

<table>
<tr><th>절수</th><th>제목</th><th colspan="2">절수</th><th colspan="2">내용 요약</th></tr>
<tr><td rowspan="3">1-3절</td><td rowspan="3">복 있는 사람</td><td rowspan="2">1-2절</td><td>1절</td><td rowspan="2">삶의 모습</td><td>하지 않는 것</td></tr>
<tr><td>2절</td><td>하는 것</td></tr>
<tr><td colspan="2">3절</td><td colspan="2">결과</td></tr>
<tr><td rowspan="3">4-5절</td><td rowspan="3"></td><td colspan="2">4전반절</td><td colspan="2">"그렇지 아니함"(삶의 모습)</td></tr>
<tr><td colspan="2">4후반절</td><td colspan="2">결과 1</td></tr>
<tr><td colspan="2">5절</td><td colspan="2">결과 2</td></tr>
<tr><td rowspan="2">6절</td><td rowspan="2"></td><td colspan="2">6전반절</td><td colspan="2">의인들의 길</td></tr>
<tr><td colspan="2">6후반절</td><td colspan="2">의인들의 길</td></tr>
</table>

시편 1편에서는 '복 있는 사람' 이 어떠한 사람인가를 두드러지게 말하기 위해서 먼저 그와 관련된 내용을 1-3절에서 길게 말하고, 그와 대조되는 '악인들' 을 두고서는 4-5절에서 짤막하게 다룹니다. 여기서 '복 있는 사람' 은 단수이고, '악인들' 은 복수인 점을 눈여겨보아야 합니다. 숱한 악인들 가운데서 홀로 '여호와의 율법' 을 중심으로 올바르게 살아가는 '복 있는 사람' 의 모습을 지나쳐볼 수 없습니다. 6절에서는 1-3절의 '복 있는 사람' 이 속하는 '의인들' 의 길과 4-5절의 '악인들' 의 길을 대조시키며 시를 마무리합니다.

복 있는 사람을 두고 노래하는 1-3절은 다시 그가 하지 않는 것과 하는 것을 말하는 1-2절과 그 결과를 알려 주는 3절로 이루어져 있습니다. 악인들을 두고 노래하는 4-5절의 첫 부분인 4절 전반절("악인들은 그렇지 아니함이여")는 글의 흐름으로 볼 때 1-2

절을 부정하는 표현으로 이해할 수 있습니다. 4절 후반절은 3절과 대조되면서 악인들에게 닥칠 결과를 말하며, 5절에서는 다른 면에서 그 결과를 말합니다.

2.2.2.2. 풀이

시편 1편에서 중요한 낱말이나 표현

거듭 나오는 낱말로는 '악인들' (1, 4, 5, 6절), '죄인들' (1, 5절), '의인들' (5, 6절), '율법' (2절에 두 번), '길' (6절에 두 번), '아니하다' (1절에 세 번, 3, 4절), '못하다' (5절에 두 번)가 있습니다.

'복 있는 사람' 은 1절에 한 번밖에 나오지 않지만 2.2.2.1. 풀이에서 알아본 대로 시편 1편 전체의 중심 주제가 됩니다. 그 '복 있는 사람' 의 삶을 묘사할 때 중심을 이루는 표현은 '여호와의 율법' 입니다.

2.2.3.1. 풀이

'복 있는 사람' 과 '악인들' 의 구별 기준

여호와의 율법을 중심으로 사느냐, 그렇지 않느냐가 복 있는 사람과 악인을 판가름하는 기준이며 그들의 결과도 좌우한다고 말씀합니다.

여기서 '율법' 으로 옮긴 히브리말은 〈토라〉입니다. 〈토라〉는 본디 가리킴, 길잡이, 가르침, 교훈을 뜻합니다. '복 있는 사람' 이 2절에서 '오직 여호와의 율법을 즐거워한다' 함은, 이 사람이 오로지 하나님이 이끌어 주시는 대로, 하나님의 가르침을 따라 살아가려고 하고 그렇게 살아가고 있음을 말합니다. 그리하여 '복 있는 사람' 은 악인들, 죄인들, 오만한 자들을 따르지도 않고 그들과 어울리지도 않습니다. 그 대신 여호와의 '율법을 주야로 묵상' 합니다. 하나님의 뜻을 따라 살기 위해 늘 하나님의 가르침을 제대로 이해하는 데 온 정성을 기울입니다.

그런데 개역개정판의 난외주(欄外註)에서도 밝혀 놓았듯이, '묵상하다' 로 옮긴 히브리 낱말은 이 경우에 '작은 소리로 읊조리다' 를 뜻합니다. 이리하여 여기서 말하는 '율법' 은 하나님의 가르침을 글로 적어 놓은 것을 가리킴을 짐작할 수 있습니다.

시편 1편은 지혜시의 범주에 들어가는데, 특히 〈토라〉 시편 가운데 하나라고 합니다(19편, 119편도 참고).

* 시편 1편의 중심 가르침

첫째, 하나님의 가르침을 따라 사는 것보다 더 행복한 삶은 없습니다.

둘째, 그렇게 행복하게 살자면 하나님의 가르침을 적어놓은 책을 부지런히 읽고 그 뜻을 새기지 않을 수 없습니다.

셋째, 그렇게 하나님의 말씀을 중심으로 사는 사람은 잘못된 길로 가지 않습니다. 하나님의 말씀과 상관없이 돌아가는 시류(時流)에 휩쓸리지 않습니다.

3.2.2.1. 풀이

시편 8편의 흐름과 짜임새

<table>
<tr><td colspan="2">머리말(1절): "여호와 우리 주여 주의 이름이 … 어찌 그리 아름다운지요"</td></tr>
<tr><td colspan="2">대적과 (원수)들과 보복자들을 잠잠하게 하려 하심(2절)</td></tr>
<tr><td>창조주
하나님
(3-8절)</td><td>창조하신 (하늘과 달과 별들)을 내가 봄(3절)
창조세계에서 (사람)이 차지하는
특별한 자리를 깨달음 (4-8절)</td></tr>
<tr><td colspan="2">맺음말(9절): "여호와 우리 주여 주의 이름이 … 어찌 그리 아름다운지요"</td></tr>
</table>

시편 8편은 온 창조세계에 드러나는 하나님의 이름을 두고 하나님께 찬송하는 말로 시작하고(1절) 끝남으로써(9절) 이 노래를 떠받치는 큰 기둥을 양 쪽 가에 세웁니다. 그 안(2-8절)에서는 먼저 짧게, 하나님이 힘없는 사람들의 찬송을 통해 오히려 힘센 적들을 잠잠하게 하심을 노래한 뒤에(2절), 하나님이 지으신 하늘과 하늘에 있는 달과 별들을 아마도 밤에 보면서(3절) 시인이 느끼는 감격을 노래합니다(4-8절). 시인은 무엇보다도 하나님이 창조 세계에서 그 무엇보다도 사람은 특별하게 대하시고(4-5절) 사람에게 창조 세계를 맡기셨음을 말합니다(6-8절).

시편 8편에서 중요한 낱말이나 표현

거듭 나오는 낱말로는 '여호와 우리 주'(1, 8절), 하나님을 가리키는 '주'(히브리어 본문의 단수 2인칭 남성대명사)(1절에 두 번, 2절, 3절에 세 번, 4절에 두 번, 6절), '이름'(1, 8절), '온 땅'(1, 8절), '어찌 그리'(1, 8절), '아름답다'(1, 8절), '하늘'(1, 3절), '만들다'(3, 6절), '무엇'(4절에 두 번)이 있습니다.

비슷한 뜻을 지닌 낱말로는 '영광'(1절)과 '영화'(5절)과 '존귀'(5절), '대적'과 '원수들'과 '보복자들'(2절), ('사람'과 '인자'(4절), '생각하다'와 '돌보다'(4절)를 찾아볼 수 있습니다.

시편 8편을 이루는 문장의 대부분은 하나님을 가리키는 '주'(히브리어 본문의 단수 2인칭 남성대명사, '당신')가 주어입니다. 3절에서만 '내'가 주어로 쓰일 뿐입니다. 1절의 두 문장도 각각 '주의 이름'과 '주의 영광'이 주어입니다.

3.2.2.3. 풀이

시편 8편에서 노래하는 것

이처럼 시편 8편에서는 하나님이 온 누리를 창조하시고 사람에게 특별한 자리를 마련해 주신 하나님을 찬양합니다. 이리하여 시편 8편은 창세기 1장 28절의 내용을 시로 노래한 것처럼 보입니다.

* 시편 8편의 중심 가르침

첫째, 온 창조세계에 하나님의 영광이 드러나 있습니다.
둘째, 창조주 하나님은 창조 세계에서 사람을 가장 귀하게 하셨습니다.
셋째, 창조주 하나님은 창조 세계를 사람에게 맡기셨습니다.

시편 13편의 흐름과 짜임새

절수	구성 요소	중심 표현
1-2	탄식	어느 때까지?
3-4	기원, 기도를 들어주셔야 할 까닭	… 생각하사 응답하시고 … 밝히소서 두렵건대 … 할까 하나이다
5-6	신뢰 고백, 결심 고백	… 의지하였사오니 기뻐하리이다 … 찬송하리니 …

1-2절에서 시인은, 하나님이 자신을 돌보시지 않고 자신이 근심하며 원수가 자랑하는 상황이 언제 끝날지 몰라 괴로워하는 마음을 하나님 앞에 쏟아놓습니다. 뒤이어 3-4절에서는 이렇게 하나님께 아뢰는 기도에 대답하셔서 눈을 밝혀 달라고 기도하는데, 그 기도를 하나님이 들어주셔야 할 까닭으로, 자신이 죽거나 원수가 자신을 이겼다 하며 기뻐하는 일이 없어야 한다는 점을 내세웁니다. 마지막 5-6절에서는 하나님의 구원을 확신하는 가운데 미리 기뻐하며 찬송하겠다고 고백합니다.

이리하여 탄원으로 시작한 기도가 찬송할 결심을 고백하는 말로 끝납니다.

4.2.2.2. 풀이

시편 13편에서 중요한 낱말이나 표현

거듭 나오는 낱말로는 '어느 때까지' (1, 2절에 각각 두 번), '여호와' (1, 3, 6절), '원수' (2, 4절), '두렵건대' (3, 4절), '기뻐하다' (4, 5절)가 있습니다. 또 시인 자신을 가리키는 대명사 '나' 나 '내' 가 많이 나옵니다(1절과 5절과 6절에 두 번씩, 2절과 4절에 세 번씩, 3절에 네 번). 그와는 달리 하나님의 가리키는 '주' 는 몇 번 나올 따름입니다(1절과 6절에 한 번씩, 5절에 두 번), 그러나 1절과 3절에 호격으로 나오는 하나님의 이름 '여호와' 와 아울러, 시의 흐름으로 보면 시인의 관심이 '나' 에게서 하나님께로 옮아감을 알아차릴 수 있습니다.

비슷한 뜻을 지닌 낱말로는 '번민하다' 와 '근심하다' (2절), '원수' (2, 4절)와 '대적들' (4절)을 찾아볼 수 있습니다.

한 번씩 밖에 나오지 않으나 시의 흐름으로 볼 때 중요한 표현으로는 '주의 사랑' (5절), '주의 구원' (5절), '은덕' (6절), '찬송하다' (6절)를 들 수 있습니다.

시편 13편에서 노래하는 것

시편 13편에서는 아마도 오랜 중병(重病)에 시달리는 사람이 그 괴로움을 하나님께 쏟아 놓으며 하나님의 도움을 기도하며 하나님의 사랑과 구원을 확신하며 찬송하겠다고 노래하는 것으로 보입니다.

* 시편 13편의 중심 가르침

첫째, 하나님을 믿는 사람도 괴로움이 오래 이어지면 탄식할 수 있습니다.
둘째, 고난 가운데서도 하나님께 도와 달라고 기도할 수 있습니다.
셋째, 하나님의 사랑과 구원을 확신하며 찬송을 다짐할 수 있습니다.

5.2.2.1. 풀이

시편 22편의 흐름과 짜임새

절수	문학유형	절수	구성 요소 또는 주제
1–21절	탄원시	1–2절	탄식 1
		3–5절	신뢰 고백 1
		6–8절	탄식 2
		9–10절	신뢰 고백 2
		11절	기원 1
		12–18절	탄식 3
		19–21절	기원 2
		21절 후반절	응답
22–32절	감사찬송시	22절	결심 고백 1 (찬송)
		23–24절	찬송 권유 1
		25절	결심 고백 2 (서원 이행)
		26절	찬송 권유 2
		27–31절	확신 고백(예배 확장)

시편 22편은 시인의 기도에 하나님이 응답하셨음을 말하는 21절 후반절을 기준으로 탄원과 감사·찬양의 두 부분으로 크게 나누어집니다.

1–21절은 세 차례의 탄식(1–2, 6–7, 12–18절)과 두 차례의 신뢰 고백(3–5, 8–10절)과 두 차례의 기원(11절, 19절–21절 전반절)과 마지막의 응답 언급(21절 후반절)로 이루어져 있습니다. 탄원시의 두 기둥을 이루는 탄식과 기원과 여기서는 각각 세 번과 두

번 나오는데, 기원에 앞서 세 번의 탄식 사이에 신뢰 고백이 들어 있습니다. 또 탄식과 기원은 뒤로 갈수록 길어집니다.

22-32절은 결심 고백(22, 24-25절)과 찬송 권유(23, 26절)이 두 차례 번갈아 나온 뒤에 예배의 범위가 공간적으로 시간적으로 확장되리라는 확신을 고백하는 말(27-31절)로 끝납니다.

5.2.2.2. 풀이

시편 22편에서 중요한 낱말이나 표현

거듭 나오는 낱말로는 '하나님' (1절에 두 번, 2, 10절), '여호와' (8, 19, 23, 26, 27절, 28절에 두 번), '멀리 하다' (1, 11, 19절), '돕다' (1, 20절)/ '도울 자' (11절), '듣다' (1, 24절), '아니하다' (1, 2, 24절에 각각 두 번, 5절), '부르짖다' (2, 5절)/ '울부짖다' (24절), '응답하다' (2, 21절), '찬송' (3, 25절)/ '찬송하다' (22, 23, 26절), '의뢰하다' (4절에 두 번, 5절)/ '의지하게 하다' (9절), '구원을 얻다' (5절)/ '구원하다' (8절)/ '구하다' (20, 21절)/ '건지다' (8, 20절), '모태' (9, 10절), '에워싸다' (12, 16절)/ '둘러싸다' (12절), '뼈' (14, 17절), '힘' (15, 19절), '경외하다' (23, 25절), '예배하다' (27절)/ '경배하다' (29절)가 있습니다. 하나님을 가리키는 '주' 는 3-5, 9-10, 15, 21-22, 25, 31절에 나옵니다.

1-21절의 탄원과 22-31절의 감사 찬송에 맞추어, 1-21절에서는 현재 고난을 받고 있는 시인이 자신의 곤고하고 힘든 처지를 표현하는 낱말이 많이 쓰이고, 22-31절에는 찬송과 관련되는 낱말이 주로 쓰입니다.

5.2.2.3. 풀이

시편 22편에서 노래하는 것

이처럼 시편 22편에서는 날이 갈수록 심해지는 고난 가운데서 거듭 하나님을 신뢰함을 고백하고 기도하다가 마침내 응답을 받아 고난에서 벗어난 사람이 그 구원의 경험을 하나님 백성의 공동체에서 증언할 뿐만 아니라 일반화하여 온 누리로, 또 삶과 죽음을 한데 아울러 하나님 예배로 나아감을 노래합니다.

* 시편 22편의 중심 가르침

첫째, 고난이 심해질수록 지난날 겪은 구원을 기억하며 하나님을 더욱더 의지하며 하나님께 도움을 구할 수 있습니다.

둘째, 하나님의 도움으로 어려움에서 벗어난 사람은 이를 믿음의 공동체 앞에 증언합니다.

셋째, 이 구원의 경험에서 우러나오는 예배는 온 누리로, 죽음 너머로까지 확장됩니다.

6.2.2.1. 풀이

시편 23편의 흐름과 짜임새

<table>
<tr><td rowspan="7">1-3</td><td colspan="2">여호와 : 목 자</td><td colspan="2">'나' : 양</td></tr>
<tr><td>절</td><td>내 용</td><td>절</td><td>내 용</td></tr>
<tr><td>1전반절</td><td>여호와는 '나'의 목자</td><td>1후반절</td><td>'내'게 부족함이 없음</td></tr>
<tr><td>2절</td><td>푸른 풀밭, 쉴 만한
물가로 인도하심</td><td colspan="2" rowspan="2"></td></tr>
<tr><td>3절</td><td>영혼 소생,
의의 길로 인도하심</td></tr>
<tr><td>4후반절</td><td>함께 하셔서 지키심</td><td>4전반절</td><td>역경에서도
두려워하지 않음</td></tr>
<tr><td colspan="4"></td></tr>
<tr><td rowspan="4">4-6</td><td colspan="2">여호와 : 주 인</td><td colspan="2">'나' : 손 님</td></tr>
<tr><td>절</td><td>내 용</td><td>절</td><td>내 용</td></tr>
<tr><td>5절</td><td>'내' 원수 앞에서
상 차려 주심
기름을 '내' 머리에
부으심</td><td>5절끝</td><td>'내' 잔이 넘침</td></tr>
<tr><td>6전반절</td><td>선하심, 인자하심이
평생 '나'를 따름</td><td>6후반절</td><td>여호와의 집에
영원히 살리로다</td></tr>
</table>

1-4절에서는 여호와의 양인 나의 삶은 오로지 내 목자이신 여호와께 달려 있음을 노래합니다. 여호와는 나의 목자로서(1전) 나를 풀밭과 물가로 인도하시고(2), 내 영혼

을 소생시키시고 나를 의의 길로 인도하시며(3), 나와 함께 하셔서 나를 안위하십니다(4후). 그래서 내게는 부족함이 없고(1후), 나는 사망의 음침한 골짜기를 다닐지라도 해를 두려워하지 않습니다(4전).

5-6절에서는 원수에게 쫓기는 나를 귀한 손님으로 맞아들여 대접하시는 주인의 모습으로 여호와를 묘사하면서 자신의 각오를 밝힙니다. 여호와는 내 원수 앞에서 내게 상을 차려 주시고 기름을 내 머리에 부으시며(5), 그의 선하심과 인자하심이 평생 나를 따릅니다. 그래서 내 잔이 넘치고(5끝), 나는 여호와의 전에 영원히 살려고 합니다.

시편 23편에서 노래하는 것

이처럼 시편 23편에서는 어려운 상황 가운데서 하나님이 자신을 자상히 돌보시고 원수들에게서 지키실 뿐만 아니라 잘 대접해 주심을 노래하면서 그 하나님을 굳게 의지하며 하나님과 더불어 살아가는 삶을 노래합니다.

이리하여 시편 23편은 하나님을 굳게 의지하는 믿음을 노래하는 의지시(依支詩)입니다.

* 시편 23편의 중심 가르침

첫째, 하나님은 우리의 삶에 필요한 모든 것을 마련해 주십니다.

둘째, 하나님은 우리와 함께 하셔서 온갖 위험과 적의 손에서 우리를 지키십니다.

셋째, 우리는 이런 하나님을 굳게 의지하며 평생 든든하게 살 수 있습니다.

7.2.2.1. 풀이

시편 51편의 흐름과 짜임새

절수	구성 요소	간추린 내용
1-2	기원 1	사죄의 은총을 구하는 기원
3-6	죄 고백	범죄, 죄성 고백
7-12	기원 2	사죄와 깨끗한 마음을 위한 기원
13	결심 고백 1	범죄자에게 주의 도를 가르칠 뜻을 아룀
14전	기원 3	피 흘린 죄에서 건져 내 달라는 기원
14후	결심 고백 2	찬송할 뜻을 아룀
15전	기원 4	입술을 열어 달라는 기원
15후	결심 고백 3	찬송하고 전파할 뜻을 아룀
16-17	신뢰 고백 1	주님이 바라시는 제사
18	기원 5	예루살렘을 위한 기원
19	신뢰 고백 2	주님이 기뻐하실 제사

시편 51편은 다섯 번의 기원(1-2, 7-12, 14전, 15전, 18절)과 여섯 번의 고백(3-6, 13, 14후, 15후, 16-17, 19절)이 번갈아 나옵니다. 기원은, 사죄의 은총과 깨끗한 마음을 구하는 데(1-2, 7-12절)에서 시작하여, 피 흘린 죄에서 건져 내 달라는 셋째 기원(14전)을 거쳐 찬송하게 해 달라는 넷째 기원(15전)으로 넘어가, 마침내 예루살렘을 위한 기원(18절)으로 끝납니다. 고백은 포괄적인 죄의 고백(3-6절)에서 시작하여 범죄자에게 주의 도를 가르칠 뜻을 아뢰는 고백(13절)을 거쳐 찬송하고 전파할 뜻을 아뢰는 고백(14후, 15후)로 넘어가서 마침내 어떤 제사를 주님이 바라시는지(16-17절), 또 예

루살렘에 주님이 기뻐하실 제사가 있을 것(19절)을 확신하는 고백으로 끝납니다.

이처럼 시편 51편에서 시인은 그저 자신의 죄를 뉘우치고 용서를 구하는 데서 그치지 않습니다. 그것을 넘어서서 아예 달라진 마음으로 하나님의 도를 전하고 하나님을 찬송하며 전파할 뜻을 하나님께 아뢰고, 올바른 예배의 길을 깨달아 고백하며 예배 공동체의 회복까지 간구하며 예배의 회복을 확신합니다.

7.2.2.2. 풀이

시편 51편에서 중요한 낱말이나 표현

시편 51편에서 자주 쓰이거나 중요하게 쓰이는 낱말이나 표현은 앞서 살펴 본 글의 흐름에 맞아 떨어집니다.

맨 먼저 죄를 뜻하는 낱말은 주로 시편의 앞부분에 나옵니다. '죄악' (1, 2, 5, 9절), '죄' (2, 3, 5, 7, 9, 14절), '죄과(罪過)' (3절), '범죄하다' (4절), '악을 행하다' (4절), '범죄자' (13절), '죄인' (13절)이 그러합니다. 이와 아울러 사죄를 표현하는 표현도 주로 앞부분에 나옵니다. '지우다' (1, 9절), '(말갛게) 씻다' (2, 7절), '깨끗이 제하다' (2절), '정결하게 하다' (7절), '정하다' (7절)가 그런 표현입니다.

죄를 용서받은 뒤에 하나님 앞에 올바르게 살 수 있게 해 달라는 기도는 '정한 마음' (10절), '정직한 영' (10절), '자원하는 심령' (12절), '상한 심령' (17절), '상하고 통회하는 마음' (17절)이라는 표현과 아울러 '주의 성령' 을 간구하는 데서 절정에 이릅니다(11절).

이런 사죄와 새로운 마음의 변화는 오로지 하나님의 은혜에서 비롯된다는 사실은, 하나님께 쓰이는 '인자' (1절), '긍휼' (1절), '구원' (12, 14절), '의(義) '(14절), 은택' (18절)이라는 명사와 하나님을 주어로 하여 쓰이는 '은혜를 베풀다' (1절), '창조하다' (10절), '새롭게 하다' (10절), '회복시키다' (12절), '붙들다' (12절)는 동사에서 잘 드러납니다.

사죄와 마음의 변화에 뒤이어 간구하고 고백하는 찬송과 예배의 삶을 노래하는 낱말이나 표현은 시편 51편의 뒷부분에 집중되어 있습니다. 한편으로는 '노래하다' (14절), '찬송하다' (15절), '전파하다' (15절), '기뻐하다' (16, 19절)는 말이, 다른 한편으로는 '제사' (16, 17, 19절), '번제' (16, 19절), '제단' (19절)이라는 표현이 그러합니다.

시편 51편에서 기도하고 노래하는 것

이처럼 시편 51편에서 시인은 지난날 저지른 죄뿐만 아니라 사람의 전 존재가 죄에게 위협받고 있음을 깊이 깨닫고 하나님께 지은 죄를 용서하실 뿐만 아니라 자신의 전 존재를 아예 새로 창조해 주시고 성령으로 다스려 주실 것을 간구합니다. 아울러 그런 놀라운 은총을 입은 사람으로 하나님을 찬송하고 전파하며, 다른 죄인들에게 하나님의 도를 가르칠 뜻을 아뢰고, 무엇이 올바른 예배인지를 깨달아 예배 공동체의 회복과 예배의 회복을 간구하고 확신합니다.

이리하여 참회시에 속하는 시편 51편도 그저 참회의 기도로 끝나지 않고, 찬송과 선포와 예배로 나아가는 노래가 됩니다.

* 시편 51편의 중심 가르침

첫째, 참회는 자신의 죄와 죄성(罪性)을 깊이 깨닫는 데서 비롯됩니다.

둘째, 하나님은 이렇게 참회하는 심령을 기뻐 용서하시고 새로운 존재가 되게 하십니다.

셋째, 그렇게 새로워진 삶은 찬송과 선포와 교육과 예배가 회복되는 공동체의 구성원으로 살아갑니다.

8.2.2.1. 풀이

시편 79편의 흐름과 짜임새

① 세 부분으로 이루어진 79편

구성 요소	탄식	기원	확신·결심 고백
절수	1–5절	5–12절	13절

② 세 주체와 관련된 탄식(1–5절)

관련 주체	적(이방 나라들)	우리	여호와
인칭과 수	삼인칭 복수	일인칭 복수	이인칭 단수
절수	1–3절	4절	5절

③ 두 관련 대상이 번갈아 나오는 기원(6–12절)

관련 대상	적(이방 나라들)	우리
절수	6–7, 10, 12절	8–9, 11절
기원의 내용	주의 노를 쏟으소서(6) 복수를 보여 주소서(10) 비방을 칠 배나 갚으소서(12)	조상들의 죄악 기억마시고, 우리를 속히 영접하소서(8) 우리를 도우시며 건지시며 우리 죄를 사하소서(9) 탄식을 주 앞에 이르게 하시며, 죽이기로 정한 자 보존하소서(12)

기원하는 까닭	야곱을 삼키고 그의 거처를 황폐하게 함(7) 이방이 어찌, 하나님이 어디 있느냐 하리까(10) 주를 비방(12)	주의 긍휼(8), 주의 이름의 영광스러운 행사(9), 주의 이름을 증거하기 위해(9), 주의 크신 능력(12)

시편 79편은 탄식(1-5절)과 기원(6-12절)과 확신·결심 고백(13절)의 세 부분으로 이루어져 있습니다.

1-5절의 탄식은 이방 나라들이 쳐들어와 '우리'에게 얼마나 못된 짓을 했는지를 묘사하는 1-3절, '우리'가 겪는 수치를 말하는 4절, 여호와께 여쭙는 말인 5절의 세 부분으로 나눌 수 있습니다.

6-12절의 기원에서는, 이방 나라들을 벌해 달라고 세 번 아뢰는 말(6-7, 10, 12절) 사이에 '우리'를 구원하시고 보존해 주십사 하는 말(8-9, 11절)이 두 번 나옵니다. 이방 나라를 벌하셔야 할 까닭과 '우리'를 살려 주셔야 할 까닭이 각 부분에 여러 가지로 제시되어 있습니다.

13절의 고백에서는 '우리'와 하나님의 특별한 관계를 확신하며 '우리'가 하나님께 할 일을 아룁니다.

8.2.2.2. 풀이

시편 79편에서 중요한 낱말이나 표현

시편 79편에서 거듭 나오는 낱말이나 표현은 '이방 나라(들)' (1절, 10절에 두 번), '이름' (6절, 9절에 두 번), '이웃' (4, 12절), '종' (2, 10절) 정도로 그리 많지 않습니다.

그보다 더 두드러지는 것은 '주의' 가 붙은 명사들입니다. '주의 기업' (1절), '주의 성전' (1절), '주의 종들' (2, 10절), '주의 성도들' (2절), '주의 이름' (6절, 9절에 두 번), '주의 질투' (5절), '주의 노' (6절), '주의 긍휼' (8절), '주의 앞' (11절), '주의 능력' (11절), '주의 백성' (12절), '주의 목장의 양' (12절), '주의 영예' (12절). 이 경우 '주' 는 히브리어 본문의 이인칭 단수 남성 대명사의 번역이므로, 직역을 하면 '당신' 이 됩니다. 이 '주' 가 문장의 목적어에서도 한 번 나오고(6절), 한글 번역에서는 분명히 드러나지 않지만 문장의 주어로 전제된 경우도 많습니다(5, 6, 8, 10-12절).

다른 한편으로 하나님을 이렇게 '주' 곧 '당신' 으로 부르는 '우리' 도 주격(4, 8절, 12절에 두 번)이나 소유격(4, 8, 9, 10, 12절)이나 목적어(4, 8절, 9절에 두 번)로 자주 나옵니다.

시편 79편에서 기도하고 노래하는 것

시편 79편에서는 하나님의 백성이 이방 나라들의 침략을 받아 말로 다할 수 없는 큰 괴로움을 겪고 있는 가운데서 하나님께 자기들의 곤경 상황을 아뢰며 하나님의 명예를 위해 자기들을 구원하고 보존해주시고, 적들은 벌해 달라고 기도하면서 하나님과 자신들의 관계를 다시 확인하고 확신하면서 하나님께 감사하고 하나님의 영예를 전하겠다고 고백합니다.

* 시편 79편의 중심 가르침

중심 가르침을 찾을 때 맨 먼저 생각할 문제는 시편 79편의 '우리'는 구약의 이스라엘 사람들에 걸맞은 오늘의 실체는 민족 공동체이기에 앞서 신앙 공동체인 교회 공동체라는 사실입니다.

첫째, 하나님의 백성이 이방 나라들에게 크게 시달릴 때 하나님께 도움을 요청할 수 있습니다.

둘째, 하나님의 백성은 하나님이 자기들을 하나님 당신의 이름 때문에 도우실 것을 간구할 수 있습니다.

셋째, 하나님의 백성은 하나님이 자기들을 괴롭힌 자들을 벌해 주실 것을 간구할 수 있습니다.

9.2.2.1. 풀이

시편 100편의 흐름과 짜임새

	1-3절	4-5절
명령 부분	… 여호와께 … 찬송을 **부를지어다**(1절) 기쁨으로 여호와를 **섬기며** **노래하면서** 그의 앞에 **나아갈지어다**(2절) 여호와가 …이신 줄 너희는 **알지어다**(3절)	감사함으로 … 문에 **들어가며** 찬송함으로 … 궁정에 **들어가서** 그에게 **감사하며** 그의 이름을 송축할지어다(4절)
서술 부분	그는 우리를 지으신 **이요** **우리**는 그의 것**이니** 그의 백성**이요** 그의 기르시는 양**이로다**(3절)	**여호와**는 선하**시니** 그의 **인자하심**이 영원하고 그의 **성실하심**이 대대에 이르리로다(5절)

시편 100편에는 명령 부분(1절–3절 앞부분, 4절)과 서술 부분(3절 나머지 부분, 5절)이 두 번에 걸쳐 번갈아 나옵니다.

'온 땅'을 향한 명령 부분은 여호와께 찬송하고 여호와를 섬기며 노래하며 여호와 앞에 나아가(1–2절) 송축할 것(4절)과 "여호와가 우리 하나님이신 줄" 알 것(3절)을 요구합니다.

서술 부분은 그렇게 요구하는 까닭을 알려 줍니다. 여호와는 '우리'의 창조주요, '우리'는 여호와께 속해 있는 여호와의 백성이요 여호와께서 기르시는 양이며(3절), 선하신 여호와의 인자하심과 성실하심이 영원하기 때문이라는 것입니다(5절). 곧 3절에서는 여호와와 '우리'의 특별한 관계를 말하고, 5절에서는 여호와가 일반적으로 어떤 하나님이신지를 묘사합니다.

9.2.2.2. 풀이

시편 100편에서 중요한 낱말이나 표현

시편 100편에는 무엇보다도 '여호와'라는 하나님의 이름이 네 번 나오고(1, 2, 3, 5절), 여호와를 가리키는 대명사 '그'도 자주 나옵니다(2절, 3절에 두 번, 4절에 네 번, 5절에 두 번). 그밖에 거듭 나오는 낱말로는 '감사(함)'(표제, 4절에 두 번), '찬송(함)'(1, 4절), '우리'(3절에 세 번), '들어가다'(4절에 두 번)가 있습니다.

비슷한 뜻을 지니는 낱말로는 '찬송을 부르다'(1절)과 '송축하나'(4절), '영원하다'와 '대대에 이르다'(5절)를 찾아볼 수 있습니다.

또 하나님을 묘사할 때 쓰는 '선하다', '인자하심', '성실하심'이 눈에 띕니다.

9.2.2.3. 풀이

시편 100편에서 노래하는 것

시편 100편에서는 시인은 **'우리'**('나'가 아님!)의 하나님, 창조자이신 여호와의 선하심과 영원한 그의 인자하심과 성실하심을 말하며 온 세상 사람들에게 이 여호와를 찬송하고 예배할 것을 권고합니다.

이리하여 표제에서는 이 시편을 '감사의 시'라고 했지만, 실제로는 감사를 넘어서서 여호와를 **찬양**하는 **시**라 할 수 있습니다. 이 점에서 시편 100편은 104편, 135편, 150편과 마찬가지 성격을 띱니다.

* 시편 100편의 중심 가르침

첫째, 하나님의 백성은 하나님을 찬송하고 예배할 것을 온 세상 앞에 권고할 수 있습니다.

둘째, 하나님을 찬송하고 예배해야 하는 까닭은 우선 하나님과 하나님 백성의 특별한 관계에 있습니다.

셋째, 다음으로는 선하신 하나님의 영원한 인자하심과 성실하심에 찬송과 예배의 까닭이 있습니다.

시편 107편의 흐름과 짜임새

① 시편 107편은 네 부분으로 나눌 수 있습니다.

절수	제목
1-3	감사 권유
4-32	여러 경우의 감사
33-42	온 땅과 인간 세계를 다스리시는 하나님
43	깨달음 권유

② 4-32절은 다시 네 부분으로 나누어집니다.

절수	고난 상황	호소	구원	찬송 권유	찬송할 까닭
4-9	4-5	6전	6후-7	8	9
10-16	10-12	13전	13후-14	15	16
17-22	17-18	19전	19후-20	21-22	
23-32	23-27	28전	28후-30	31-22	

시편 107편은 첫머리에서 감사를 권유하는 총론격의 말인 1-3절로 시작하여 감사할 만한 네 가지 보기를 다루는 4-32절을 거쳐 온 땅과 인간 세계를 다스리시는 하나님을 기리는 33-42절로 넘어갔다가 여호와의 인자하심을 깨달으라는 권고인 43절로 마무리됩니다.

감사할 만한 네 가지 보기를 다루는 4-32절에서는 먼저 광야 사막 길을 방황하는 사람의 경우를 4-9절에서 말하고, 다음으로 흑암과 사망의 그늘에 앉은 자의 경우를 10-16절에서, 셋째로는 아마도 중병에 걸린 사람의 경우를 17-22절에서, 넷째로는 바다에서 일하는 사람의 경우를 23-32절에서 노래합니다. 그런데 이 네 부분은 한결같이 고난 상황의 묘사, 고난당하는 사람의 부르짖음, 하나님의 구원, 찬송 권유의 순서로 되어 있는데, 첫 두 경우에는 찬송할 까닭을 밝히는 말이 맨 뒤에 덧붙습니다.

시편 107편에서 중요한 낱말이나 표현

시편 107편에는 우선 눈에 띄는 것은 "여호와의 인자하심과 인생에게 행하신 기적으로 말미암아 그를 찬송할지어다"라는 찬송 권유입니다. 이 권유가 8, 15, 21, 31절에 거듭 나옵니다. 또 이 권유에 들어 있는 '인자하심'은 첫 절과 마지막 절에도 들어 있습니다. 이리하여 시편 107편의 핵심 내용은 여호와의 '인자하심'이라는 표현으로 간추릴 수 있습니다. 그 히브리 낱말은 〈헤세드〉입니다. 〈헤세드〉는 보통 양 쪽이 있는 관계에서 한 쪽이 다른 쪽이 해야 할 도리를 다함을 뜻하는데, 하나님의 〈헤세드〉는 하나님이 사람과 창조세계에게 한결같이 은혜를 베푸시는 사랑을 말합니다.

그밖에 같은 낱말이나 비슷한 뜻의 낱말이 거듭 나오는 경우로는 '고통'(6, 12, 13절, 19절에 두 번, 28, 41절), '고난'(17절), '환난'(13절), '재난'(39절), '사망'(10, 14, 18절), '그늘'(10, 14절), '위험'(26절)/ '위험하다'(20절), '부르짖다'(6, 13, 19, 28절), '건지다'(6, 20, 41절), '구원하다'(13, 19절), '속량하다'(2절)/ '속량을 받다'(2절), '인도하다'(7, 30절)/ '인도하여 내다'(14, 28절), '찬송하다'(8, 15, 21, 31, 32절), '감사하다'(1절)/ '감사제'(22절), '광야'(4, 33, 35절), '마른 땅'(33, 35절), '근심'(6절)/ '우환'(39절) 등을 찾아 볼 수 있습니다. 33-35절에는 "무엇이 변하여 무엇이 되게 하신다"는 표현이 다섯 번 나옵니다.

풀이

10.2.2.3. 풀이

시편 107편에서 노래하는 것

시편 107편에서 시인은 사람이 힘든 여행길이나 질병이나 바다에서 일하면서 겪는 어려움이든, 자신의 잘못으로 당하는 괴로움이든, 죽음에 이르기 직전과 같은 상황에 이르렀더라도 하나님께 부르짖으면 인자하신 하나님이 그를 그 어려움에서 구해주실 뿐만 아니라 온 땅과 인간 세계를 다스리시므로, 이런 하나님께 감사하자고 권유합니다.

이리하여 '감사하다' / '감사제' 라는 말보다는 '찬송하다' 라는 말이 시편 107편에 더 많이 나오지만, 이 시편의 가운데 자리를 차지하는 4-32절과 첫머리 1-3절에 비추어 볼 때, 시편 107편은 시편 100편처럼 하나님 찬송을 중심으로 삼는 시편들과는 달리 감사시로 볼 수 있습니다. 다만 33-42절은 찬송시의 분위기가 강하게 나타납니다.

다른 한편으로 이런 감사시는 하나님께 탄원하여 하나님의 구원을 경험한 뒤에 부르는 노래라는 점에서, 곤경 상황에서 하나님께 괴로움을 아뢰며 구원을 간구하지만 아직 곤경이 사라지지 않았으나 하나님께 찬송할 결심을 고백하는 탄원시와는 다릅니다.

* 시편 107편의 중심 가르침

첫째, 사람은 그 어떤 어려운 상황에서도 하나님께 도와 달라고 부르짖을 수 있습니다.

둘째, 그 부르짖음을 들으시고 도우시는 하나님의 인자하심은 영원합니다.

셋째, 그런 하나님께 사람은 감사하지 아니할 수 없습니다.

시편 122편의 흐름과 짜임새

절수	제목
1	순례 권유 받을 때의 기쁨 회상
2	예루살렘 도착 인사
3–5	예루살렘 찬양 3: 아름다운 겉모습, 4: 종교적 의미, 5: 정치적 의미
6–8	축복의 기원 6–7: 예루살렘의 평안을 구하라는 권유 8–9: 스스로 평안을 구하며 예루살렘을 축복함

시편 122편에서 표제를 뺀 나머지 부분은, 예루살렘 순례 권유를 받을 때의 기쁨을 회상하는 1절, 예루살렘에 도착하여 감격에 차 예루살렘에 건네는 인사말인 2절, 예루살렘을 찬양하는 말인 3–5절, 예루살렘을 향한 축복의 기원인 6–9절의 네 부분으로 이루어져 있습니다.

3–5절은 다시 예루살렘의 아름다운 겉모습을 말하는 3절과 예루살렘이 이스라엘의 종교생활과 정치생활에서 차지하는 자리를 두고 생각하는 4절과 5절의 세 부분으로 나눌 수 있습니다.

6–9절은 시인이 동료 순례자들에게 예루살렘의 평안을 구하라고 권유하는 6–7절과 스스로 그리하면서 예루살렘을 축복하는 8–9절로 나눌 수 있습니다. 6절 후반절–7절은 시인에게 권유받은 동료 순례자들이 예루살렘의 평안을 구하면서 할 말을 소개한 것으로 이해할 수 있습니다.

11.2.2.2. 풀이

시편 122편에서 중요한 낱말이나 표현, 특징있는 형식

시편 122편에 고유명사로 '여호와' (1절, 4절에 두 번, 9절)와 '예루살렘' (2, 3절, 6절에 두 번)이 자주 나옵니다. 게다가 2-3절과 7-9절에서 시인은 예루살렘을 '너' 라고 부릅니다. 그러니까 시인은, 예루살렘이 마치 살아 있는 사람이나 되는 것처럼, 예루살렘을 '너' 라고 부르며 예루살렘에게 말을 건네거나 건네라고 합니다.

같거나 비슷한 낱말이나 표현이 거듭 나오는 경우로는 '여호와의 집' (1, 9절), '올라가다' (1, 4절), '보좌' (5절에 두 번), '평안' (6, 7, 8절), '형통(함)' (6, 7절), '있을지어다' (7, 8절), '성문' (2절), '성읍' (4절)/ '성' (7절), '궁중' (7절), '형제' 와 '친구' (8절)를 찾아볼 수 있습니다.

11.2.2.3. 풀이

시편 122편에서 노래하는 것

시편 122편에서는 예루살렘 순례자가 순례의 길에 나서기 전과 예루살렘에 막 도착했을 때와 예루살렘을 둘러볼 때 느끼는 기쁨과 감격을 노래합니다. 예루살렘은 온 이스라엘이 모여 예배할 하나님의 집이 있는 곳이자 이스라엘을 올바르게 다스릴 왕가가 있는 곳이므로, '형제와 친구' 를 위해서 시인은 예루살렘의 평안과 형통과 복을 구합니다.

* 시편 122편의 중심 가르침

첫째, 오늘의 예루살렘은 믿음의 형제와 친구, 곧 성도의 사귐이 있는 교회 공동체입니다(8절).

둘째, 이 공동체에 속한 사람들은 모두 '여호와의 지파들' 이므로 그 출신, 성별, 연령, 경력 등 어떠한 인간적인 차이를 넘어서서 한 몸을 이룹니다(4절).

셋째, 이 예배 공동체는 하나님께 감사하며 하나님의 법도를 따라 예배합니다(4절).

넷째, 이 예배 공동체는 하나님이 세우신 지도자들을 통해 하나님의 정의와 평안을 경험합니다(5-9절).

12.2.3. 풀이: 시편 공부 내용 정리

과	본문	주제	문학유형	가르침
2	1편	복 있는 사람	지혜시(〈토라〉시)	말씀 중심의 삶
3	8편	창조세계 안의 인간	창조찬양시	사람의 존귀함, 책임
4	13편	개인의 고난	개인 탄원시	개인의 고난 극복
5	22편	탄원에서 감사찬양으로	복합시	거듭되는 고난 극복
6	23편	목자와 주인이신 하나님	의지시	의지 신앙
7	51편	참회에서 찬송과 선포로	참회시	죄 극복
8	79편	하나님 백성의 고난	민족 탄원시	공동체의 고난 극복
9	100편	하나님 찬송	일반 찬양시	찬양의 근본 성격
10	107편	여러 경우의 감사 찬송	개인 감사시	개인 고난 극복 후
11	122편	예루살렘 순례	순례시	예배 공동체의 특성

절취선

수업일지 1

본문		날짜	
참석자 이름			
수업 진행 상황			
수업 내용			
수업 소감			

절취선

수업일지 2

본문	시편 1편	날짜	
참석자 이름			
수업 진행 상황			
수업 내용			
수업 소감			

수업일지

절취선

수업일지 3

본문	시편 8편	날짜	
참석자 이름			
수업 진행 상황			
수업 내용			
수업 소감			

수업일지

절취선

수업일지 4

본문	시편 13편	날짜	
참석자 이름			
수업 진행 상황			
수업 내용			
수업 소감			

수업일지 5

본문	시편 22편	날짜	
참석자 이름			
수업 진행 상황			
수업 내용			
수업 소감			

수업일지 6

본문	시편 23편	날짜	
참석자 이름			
수업 진행 상황			
수업 내용			
수업 소감			

절취선

절취선

수업일지 7

본문	시편 51편	날짜	
참석자 이름			
수업 진행 상황			
수업 내용			
수업 소감			

수업일지

수업일지 8

본문	시편 79편	날짜	
참석자 이름			
수업 진행 상황			
수업 내용			
수업 소감			

수업일지 9

본문	시편 100편	날짜	
참석자 이름			
수업 진행 상황			
수업 내용			
수업 소감			

절취선

수업일지

절취선

수업일지 10

본문	시편 107편	날짜	
참석자 이름			
수업 진행 상황			
수업 내용			
수업 소감			

수업일지

수업일지 11

본문	시편 121편	날짜	
참석자 이름			
수업 진행 상황			
수업 내용			
수업 소감			

절취선

수업일지

절취선

수업일지 12

본문	전체 정리와 평가	날짜	
참석자 이름			
수업 진행 상황			
수업 내용			
수업 소감			

수업일지

장로회신학대학교
Presbyterian College and Theological Seminary

장로회신학대학교
Presbyterian College and Theological Seminary

장로회신학대학교 Presbyterian College and Theological Seminary